阅读日本

书　系

日本老年人的生存困境

——来自一线的报告

［日］结城康博
［日］嘉山隆司　编著

周洁　审译
杨静　刘方　郭佩　译

笹川日中友好基金
The Sasakawa Japan-China Friendship Fund
世界知识出版社

阅读日本书系编辑委员会名单

目　录

前　言

前　言

2009年，总务省在敬老日这一天公布了高龄者人口约为2898万人，女性四人中有一人为65岁以上。

今年如果换算成昭和的话应是昭和85年，也就是说现在70—80岁的高龄者在20世纪60—70年代经济高度成长期正是30—40岁，是为日本社会发展作出贡献的一个群体。

内阁府2007年公布高龄者女性占65岁以上年龄层“贫困率”的2成。高龄女性年金给付额极低，与男性的老年生活相比面临更为严峻的现实。

笔者是1969年（昭和44年）生人，对高度经济成长期的日本依稀有些记忆。那时虽然彩色电视已经相当普及，但还有一些家庭使用的是黑白电视。洗衣机虽基本上都是带脱水的两箱机，市场上依然有不带脱水功能的。但在我幼小的心灵里确确实实感受到了向着未来的美好生活，整个社会生机勃勃，奋发向上的那种时代氛围。

经济高速发展期30—40岁的人们今天迎来了他们的老年期，他们能够感到现在生活在一个充满希望的社会里吗？他们完满地结束了无怨无悔的职业生涯，在剩下的人生历程中靠年金和储蓄在享受着他们的兴趣爱好。但也有一些人在高度经济成长期拼命地工作，在他们迎来了人生老年期的时候靠微薄的年金生活，尽量不去利用医疗和护理服务，过着紧衣缩食的日子。

“贫困”和“差别”这样的词语不仅适用于母子家庭和失业者也同样适合于高龄者这个人群。一般人可能会认为高龄者怎么也会有最低限度的安全网（来保护他们），但这只是我们的希望而已。威廉姆·歇库斯皮阿曾说过“善终意味着一生的幸运”。而现在的日本社会在养老人群中却出现了“差别（距）”。经济高度成长期拼命地工作却有贫富差距。这种差距并不仅仅是经济差距，已经延伸到了医疗和护理这些福利性的服务领域。

本书就是以高龄者的实际生活为蓝本就“差别”、“贫困”进行思考。各执笔者除我（结城）之外均是在第一线与高龄者面对面进行工作的人员。本书的主旨在于开出迄今为止产生高龄者“差别”、“贫困”的修正药方，而执笔者们也正是抱着这样的信念恪尽职守地完成了自己的工作。本书中的实例为了保护当事人的隐私权进行了只保留基本事件的处理。

2010 年 2 月　执笔者代表

结城康博

第一章　一线护理人员眼中的各式老年人

一、护理一线所见

笔者在护理一线进行工作后才知道不同的“经济状况”、“家庭构成”、“居住环境”、“生活地区”会使得老年人的晚年生活大相径庭。即使都是依靠退休金精打细算地过日子，经济状况外的因素亦会造成很多差异。以下笔者将列举几个亲自负责过的案例，跟大家一起探讨一下老年人的“贫困”问题和“收入差距”问题。

视钱如命的老人（案例1）

这位老人名叫高桥和夫（80岁，化名），厌恶和人群打交道，独自住在东京市中心一套2居室的高级公寓里。该公寓虽已有二十几年房龄，但因周围交通便利，紧邻车站，市价仍相当可观。高桥先生患有轻微的老年痴呆症，却还是坚持自己买些半成品的饭菜一个人生活。有人看到他经常在街头徘徊不知所措，公寓管理人员出于好心，找到当地政府的高龄者福利课商量后委托我担任高桥先生的护理经理人。

第一次到高桥先生家时，满是垃圾的景象着实让我吃惊。一次性饭盒、纸屑等散乱在房间内，高桥先生身上充满了这些气味。后来听说他两周左右才洗一次澡（淋浴为主）。护理保险服务工作人员曾建议他接受上门护理员的帮助，却被他以经济状况紧张为由婉拒了，最后经过公寓物管几次三番努力说服，才终于答应接受一周一次，一次一个半小时的护理服务。护理内容也只是帮他进行起居室和客厅的清扫以及简单的购物。据服务过高桥先生的护理员称，除了起居室和客厅，高桥先生不允许他进入其他房间，打扫也就无法进行了。这可能就是房间内满是垃圾的原因。

了解了高桥先生的情况后，我为他制订了每周洗澡两次及白天前往老年人专用护理服务设施的计划。却不想被高桥先生断然拒绝道“那每月要比现在多出一万日元的支出，以我的经济能力可承受不起。一周一次的上门服务就可以了。像我这样的穷人可没有闲钱给你们赚”。高桥先生把我这个护理经理人当成了护理服务中心的推销员，拒绝更多的护理服务。当时我想，可能是因为陌生而不信任我，等相处一段时间彼此有了信任感后再做建议。却不料没过多久高桥先生突发脑梗塞，送到医院没几日便离开了人世。

因高桥先生是孤寡老人，后事只能由当地政府的工作人员进行操办。清理遗物时，在堆满垃圾的其他房间里竟发现了六捆100万日元的钞票以及一本存有5000万日元的银行存折。因为没有继承人，所有的财产都归国家所有。想起总以经济困难为由拒绝服务的高桥先生，想到我未能取得他的信任而给予他更多的帮助，不禁觉得无限感伤。

为了不给异地的孩子带来负担（案例2）

这位老人名叫北山茂子（78岁，化名），独自住在东京市中心一处租来的公寓里，依靠拐杖勉强能够外出、需要护理程度为1级（1级为最轻）。每月的生活开支来源于老人自己的退休金及丈夫的遗嘱补助金，共7万日元左右。除去房租的3.8万日元及水电费、医药费等费用，剩余的钱只有2万日元左右，全部用来充当生活费。

因身心状态不佳和记忆力衰退等原因，“用火”成了很大的安全隐患，一年前开始不再自己做饭，而是每天白天到护理服务中心购买配餐（一份500日元）。以北山女士的饭量，一份配餐的量太多，因此中午吃一半，剩下的一半留作晚饭。偶尔还会买个一百日元的罐头打打牙祭。早餐的话只吃一片面包喝一瓶牛奶（冷冻保存好的），北山女士声称对老年人来说这样就够了。每个月坚持拄着拐杖去两次医院。因其腿脚不便，笔者担心她路上滑倒，建议医生上门出诊。但“去医院看病”和“医生上门出诊”在个人支付费用方面有一定的差额，北山女士想在自己能走动的时候尽量坚持，拒绝了我的建议。

存款具体数目不清，大概是100万日元左右，打算将来用于自己的后事。北山女士独居和坚持自己去医院都是为了不给独子增添麻烦。笔者曾跟北山女士的独子有过一面之缘。他住在静冈县，是一名普通的公司职员。家里有妻子儿女还有妻子那边需要人照顾的父母。生活不太富裕，但因担心母亲，每月都会到东京来探望。因经济不宽裕，每周看情况通一次电话。在北山女士家遇到过她儿子，她儿子将自己的手机号码告诉了我，让我有什么情况一定通知他。

北山女士曾有一番话给我留下了很深的印象，她说“如今这样节衣缩食总算能够勉强度日，要是得了不得不住院的疾病真是不知道该怎么办了。儿子还得接济着媳妇那边的父母，将来的日子真是不敢想。但是，低保我是肯定不会申请的”。

就是这样在一间只有着电视和衣柜的房间里过着简朴生活的北山女士，十分坚强，与儿子保持着良好的关系，附近的民生委员也会经常上门来看望她。

领取低保的老人（案例3）

最后一位老人名叫铃木浩二（80多岁），瘫痪在床，需要护理程度为4级。头脑清晰，与人沟通毫无问题。年轻时无固定职业，过着几近荒唐的生活，现在依靠低保度日。如今虽已瘫痪在床，还是烟不离口，是位精气神十足的老人。

年轻时结过一次婚，没多久就离异了，与前妻前缘尽断，再无联系。65岁之前的某一天身体出现异常一病不起，就此开始领取政府的低保。无退休金（未交纳过养老保险），生活全靠低保。

独自居住在一间六个榻榻米大小的房间里，日子过得紧巴巴的。但是因为申请到低保，医疗费用以及护理保险费用在一定范围内是完全免费的。笔者根据该老人的情况，尽可能地为他增加了护理服务项目，还申请到了医疗机构的上门治疗服务。就这样，他本人希望护理员能够每天都来家里。

但是，因为他任性不讲理的个性，经常与护理服务人员发生口角，不停地抱怨、投诉，护理人员圈内无人不知。为他服务的护理员常常因无法忍受他的怪癖而提出辞呈，有时一个月要换两个护理人员。

他还几次对上门的政府社会福利工作调查员大呼不平，稍有不顺心便将我这个护理经理人叫到家里，抱怨护理员态度恶劣，非要我为他再换一个。次数多了以后，他给我留下了蛮不讲理的印象。

这位铃木老人曾反复强调自己不愿意死在医院，极其厌恶集体生活，造化弄人的是，他在一个冬天里感染了风寒还延误了治疗，最后不得不在医院里孤独地死去。跟他的亲人取得联系告知其死讯时，得到的是“已断绝关系”的回答，只能由政府生活福祉课操办后事，使他入土为安。

经济上的贫困和人际关系的淡薄

通过上述三位老人的案例，读者朋友们认为哪一位老人最为“贫困”呢？笔者认为是案例1的高桥老人。他经济上虽然富足，但拒绝与人往来，不舍得花费年轻时存下的积蓄，到头来却孤独地死去。笔者认为在讨论老年人“贫困”问题时，这样的例子是非常有代表性的。

在讨论“贫困”问题和“贫富差距”时，人们一般首先想到的是“流浪者”、“居无定所者”、“无固定收入者”、“身患疾病者”。当然，无论哪个年龄层，上述的人群确实是“贫困”问题和“贫富差距”问题的关键群体。但是，就像我们案例中所看到的那样，就算是“居有定所”、“身有巨款”，老年人依然有可能陷入“贫困”的境地，甚至是“绝对贫困”的境地。

绝对贫困和相对贫困

一直以来，一提到“贫困”问题，人们就会想到“绝对贫困”和“相对贫困”两个概念。在谈“绝对贫困”时，问题的焦点是最低保障生活费；而谈到“相对贫困”时，却是以一般国民平均家庭收支情况为基准的。两者不分轻重，根据情况目的区别使用是最为妥当的。

当然，在分析老年人的生活状况时，经济指标的“绝对贫困”和“相对贫困”的概念是经常要用到的概念。但是如果不结合“人际关系”、“家庭构成”、“生活地区”等因素进行分析的话，那么就不能真正了解“贫困”的状况。之所以这么说，是因为老年人是需要护理照顾和治疗的。老年人与仍在工作的一代不同，他的身体机能已经退化，不能再参与社会劳动。而且老年人能够依赖的主要照顾者也只有自己的配偶、女儿、儿子等亲人。有的老年人没有可依赖的亲人只能自己独自居住。（图 1 – 1）

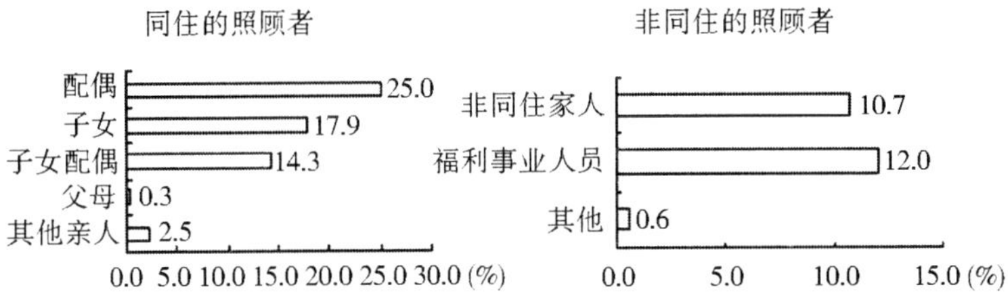

根据厚生劳动省《国民生活基础调查》（2007 年）制成

图 1 – 1　主要照顾者与被照顾者间的亲属关系及同居、非同居构成比例

确实，残障者也需要护理服务，而当他们在家居住时，照顾者多为父母，生活费用的支出也是以家为单位。当父母过世，残障者变成老年人后，会产生同样的问题，但是即使是同样需要护理的人群，除去少量的一部分案例外，老年人和残障者的境遇多少还是有所不同的。

从这个意义来说，要讨论老年人的生活就一定要考虑他的经济问题、护理状况和医疗状况。除此以外，家庭背景和人际关系也是极为重要的因素。

二、老年人中的经济差距

收入差距

老年人家庭指的是只有65岁以上人口或65岁以上人口与他们未满18岁的子女组成的家庭，其收入差距巨大。图1－2显示的便是老年人家庭各种年收入所占比例。比例最高的是年收入在100万—150万日元的人群，所占比例为12.5%；年收入在150万—200万日元的人群紧随其后，所占比例为11.4%；第三是年收入在50万—100万日元的人群，所占比例为11.3%。也就是说年收入不足200万日元的比例总和高达35%。

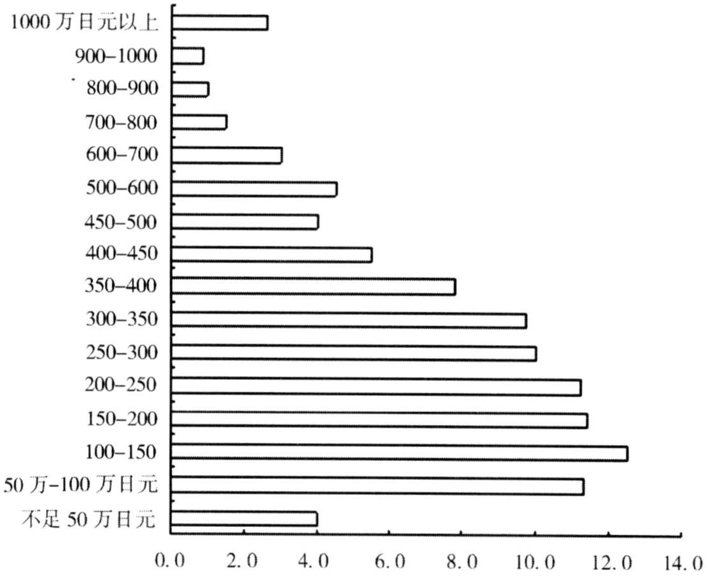

根据厚生劳动省《国民生活基础调查》(2007年)制成

图1－2 老年家庭年收入阶层比例

此外，老年人与其他年龄层年收入所得差距超过了260万日元。也就是说，老年人之间的收入差距很大，而老年人与其他年龄层年收入之间的差距更为巨大（图1－3）。

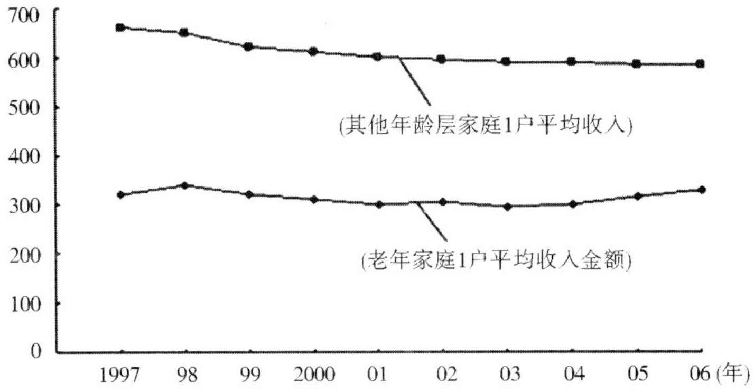

根据厚生劳动省《国民生活基础调查》(2007年)制成

图1-3　1户老人家庭与其他年龄层平均总收入金额的年限比较

老年人的收入构成中,"退休金和抚恤金"所占比例最大。但是,也有高达18.4%的老年人依靠工作或是做买卖获得"劳动收入"。对于老年人来说,工资仍是非常重要的收入来源(图1-4)。但是,据笔者推测65—70岁的老年人还可能获得劳动机会,而年过70的老年人除了公司高层干部外,其他的劳动机会应该是非常少的。

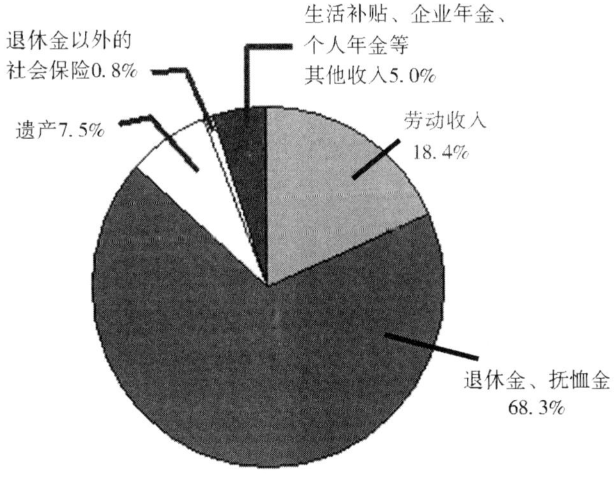

根据厚生劳动省《国民生活基础调查》(2007年)制成

图1-4　老人家庭的平均收入构成

储蓄状况

通过图 1－5 我们可以清楚地看到户主在 65 岁以上的家庭储蓄额差别巨大。约有 11% 的家庭拥有超过 3000 万日元的储蓄额；同时，约有 20% 的家庭储蓄额不足 300 万日元。这里所谓的储蓄额指的是银行存款、股票、投资信托、生命保险的保费等总和金额。而户主在 40—49 岁之间的家庭储蓄额的构成比例图却显示该年龄层的家庭储蓄额多数在 500 万—1000 万日元之间。同时，该年龄层家庭储蓄额不足 300 万日元的比例与 65 岁以上年龄层的相差不多。

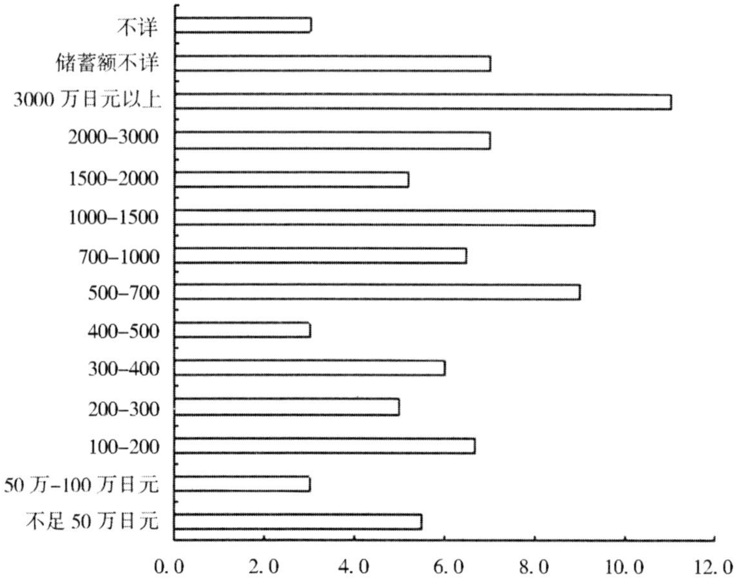

根据厚生劳动省《国民生活基础调查》（2007 年）制成

图 1－5　户主在 65 岁以上的家庭储蓄额阶梯构成比例

那么我们可以推测，目前家庭储蓄额在 500 万—1000 万日元之间的现役家庭等到户主 65 岁时储蓄额将超过 1000 万日元。也就是说，老年人间的储蓄额差距跟他们年轻时的储蓄额是有关联性的。而且与在大公司里工作的人相比差距会越来越大。

有研究者称老年人拥有退休金、存款等资产，比其他年龄层更为富裕。确如数据所显示出来的那样，部分老年人资产雄厚，生活富足，但是，数据同样揭示了有高达8%的老年人储蓄额不足100万日元（图1-6），生活甚为窘迫。

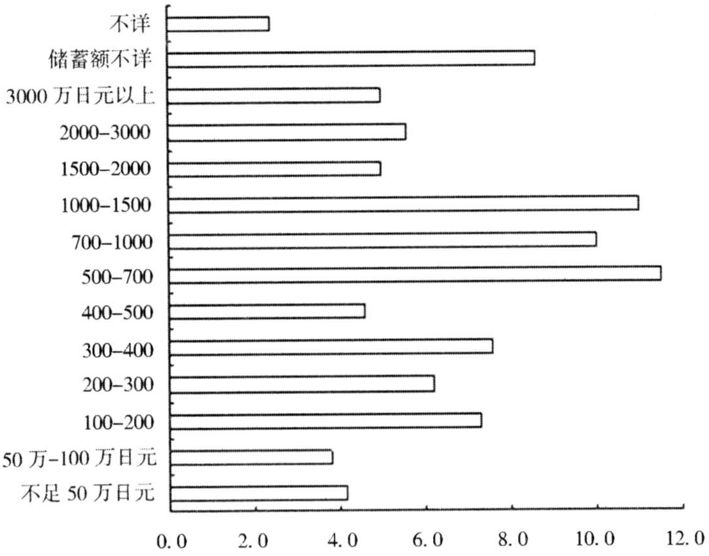

根据厚生劳动省《国民生活基础调查》(2007年）制成

图1-6　户主在40—49岁的家庭储蓄额阶梯构成比例

经济差距的扩大

内务府一项以65岁以上男女为对象的调查结果显示，约有26%的老年人认为老年生活“很艰难”或“有点艰难”(图1-7)。据内务府同时进行的另一项针对每月家庭收支的调查结果显示，13.5%的老年人选择了“几乎每月赤字”，26.9%的老年人选择了“有时赤字”。也就是说有约40%的老年人可能产生赤字情况。

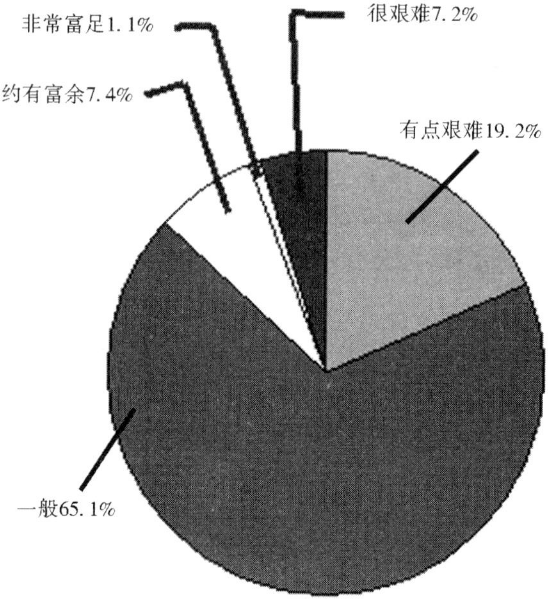

内务府《老年人生活实态调查》(2008年)

图1－7　老年人眼中的老年生活

与其他年龄层的比较结果显示，老年人内部的基尼系数差别更为悬殊。基尼系数用0到1之间的数值来表示，越接近0表明社会越平等，越接近1表明社会收入极不平等（表1－1）。可以看到，老年人之间的收入存在差距，而且约有20%—30%的65岁以上老年人处于极为严峻的状况之中。另一方面，也约有20%的老年人拥有巨额存款，年收入亦为可观。也就是说，如果要对老年人的严峻生活采取经济援助，不得不列入考虑范围的只有20%—30%的老年人。

但是，仅从经济角度谈对老年人的援助是不够的，应该在经济援助的基础上加上“护理”和“医疗”等公共服务措施。单用经济指标衡量老年人是极其具有局限性的。

表1－1　基尼系数变化情况

年份	所有国民	老年人
1999年	0.3954	0.4309
2000年	0.3997	0.4159
2001年	0.3965	0.3957
2002年	0.3986	0.4192
2003年	0.3882	0.3906
2004年	0.3999	0.4131
2005年	0.3948	0.3962
2006年	0.3981	0.3989

根据厚生劳动省《国民生活基础调查》(2007年)制成

三、老年人的健康状况

老年人与疾病

对于老年人来说，如何面对和应对“疾病”是一个极其重要的课题。据调查，老年人中的有诉求者率（1000人中感到自己患有疾病或受了伤的人数比例，不包括住院病人）高达半数（表1－2）。其中“腰酸背痛”等症状居于首位。而且，超过6成的65岁以上老年人经常去医院看病，和医院打交道也成了老年人的必修科目（表1－3）。主要困扰老年人的疾病有高血压、腰腿痛、糖尿病和牙疼等。

表1－2　65岁以上各性别、年龄段中的有诉求者率（每千人）

年龄层	2007年			2004年		
	总数	男	女	总数	男	女
65岁以上	496.0	464.8	520.6	493.1	461.3	517.4
70岁以上	520.4	494.3	539.6	518.0	489.7	538.0
75岁以上	538.3	516.8	552.5	535.4	518.2	546.3

根据厚生劳动省《国民生活基础调查》(2007年、2004年)制成

表1－3　65岁以上各性别、年龄阶段中求医者比率（每千人）

年龄层	2007年			2004年		
	总数	男	女	总数	男	女
65岁以上	637.9	629.4	644.6	637.9	626.2	646.9
70岁以上	665.6	661.8	668.3	666.3	658.5	671.9
75岁以上	675.4	675.9	675.0	673.3	676.5	671.3

根据厚生劳动省《国民生活基础调查》(2007 年、2004 年) 制成

此外，老年人因身体机能的退化日常生活也受到一些影响。诸如日常生活、行动、外出不便等（表 1－4）。而 75 岁以上老年人当中，有上述困难的老人就更多了。

表 1－4　对 65 岁以上老年人日常生活造成的影响比率（每千人）

年龄层	影响到日常生活的人数比例	日常生活、动作	外出	工作、家务、学业	运动	其他
65 岁以上	209.5	87.6	81.8	64.3	68.5	27.2
70 岁以上	243.1	107.0	101.6	73.0	76.4	30.1
75 岁以上	280.3	135.0	126.9	84.1	80.3	31.7

根据厚生劳动省《国民生活基础调查》(2007 年) 制成

一生的医药费

一个人一生所花费的医药费大概是人均 2200 万日元。其中花费最多的时期是在这个人 70—74 岁这个年龄段。而到了 95 岁，医药费反而不再有什么花销，任其自然地死去（图 1－8）。

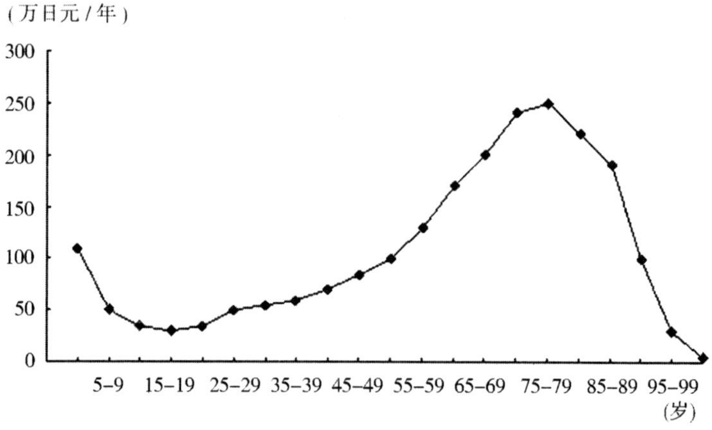

根据厚生保险局调查《一生医药费》(2006 年推算) 制成

图 1－8　一生医药费的推算（2006 年）

按年龄段分析医药费，虽然多少令人感到有些残酷，但对于老年人来说，医药费确是一个不可避免的问题。75岁以上的老年人如非富裕层，门诊只需自费10%；70—74岁的老年人因为过渡期规定仍然生效，也只需要自负10%。再加上高额疗养费制度的设立，老年人门诊自费金额被限定在一定范围内。但是，如是住院治疗，因单人病房费等保险医疗以外的费用需要住院人全额自费，老人医疗中的经济差距所带来的问题就凸现出来。

70—85岁年龄段所花费的医药费是一生中花费最多的，是婴幼儿时期的好几倍。日本的医疗保险制度在全世界因其公平性、便利性广受关注，连国民求医的路径都进行了保障。但即使是这样，庞大的医药费仍然影响了国民的日常生活，特别是住院治疗。日本的住院治疗天数在发达国家中位居首位(表1-5)。虽然在日本住院治疗是受制度保障的，但是，换个角度思考，住院治疗还是会带来高额的住院费，而这对老年人的生活来说却是不堪负荷的。此外，如今的日本在医院死亡的人数越来越多（表1-6)，医院、医疗已成为了老年问题不可缺少的一部分。

表1-5　发达国家平均住院天数（所有病床）

日本	35.7天
德国	10.2天
英国	7.0天
法国	13.4天
美国	6.5天

根据2007年版《厚生劳动白皮书》制成

表1-6　死亡场所明细

	自己家里	医院	其他
1960年	70.7%	18.2%	11.1%
2006年	12.2%	80.0%	7.8%

根据《2006年人口动态调查》制成

需护理的老人不断增加

除了医疗以外，也有许多老人利用护理服务。现在，65

岁以上的老年人约有2900万人。其中的450万人被认定为需护理者（表1－7）。也就是说，七个人中就有一个老年人需要护理服务。需要护理的认定需本人提出申请才能受理，不排除未申请的人群里存在潜在的需护理者的可能性，而且笔者认为还是有一定数量的。那么，实际上正在利用护理保险服务的老年人共有350万人左右，其中在家的略少于270万人，在各设施的约有80万人。

不管怎么说，护理服务已成为老年生活中不可缺少的一部分，今后这部分人还会越来越多。

表1－7　65岁以上被认定为需护理（需支援）者人数（2009年5月）

需支援程度1级	570393
需支援程度2级	638724
需护理程度1级	770511
需护理程度2级	788471
需护理程度3级	709783
需护理程度4级	574216
需护理程度5级	496734
合计	4548832人

根据厚生劳动省《护理保险事业状况报告》制成

不断增加的老年痴呆症患者

据估计今后患有老年痴呆症的老年人会越来越多，现今不到200万人的老年痴呆症患者到2035年这个数字将翻一番（表1－8）。也就是说，七八个老年人里面就有一个老年痴呆症患者。

表1－8　未来老年人痴呆症患者估计人数（根据2002年统计推测）

2015年	250万人
2025年	323万人
2035年	376万人

根据厚生劳动省老健局《2015年的老年护理——实现保障老年人尊严的护理》

可以想见在将来由患有轻微老年痴呆症的妻子（丈夫）照顾重度老年痴呆症丈夫（妻子）的光景。迄今笔者曾深入过好几位患有老年痴呆症的老人家中，做家庭护理服务。结果发现，护理患有老年痴呆症的老人最大的问题是如何保障他们干净的饮食和居住环境。在之前列举的案例中我们可以看到，这类老年人的在家护理问题极为棘手。

例如，冰箱里堆满了已过保质期的食物，对老人的饮食健康极其不利。再加上很多患者不认为自己患有痴呆症，拒绝服务机构的援助，声称自己不需要公共护理服务和政府的照顾。这类老年人不接受护理保险服务，针对他们的日常健康监管体制就无从建立。不光如此，他们多数连民生委员、志愿者服务等非正式服务都拒之门外。

庆幸的是国家已经认识到存在的问题，正在开始着手培养“老年痴呆症支援者”。今后，独居老人将逐步增多，其中的老年痴呆症患者的比例也会越来越高。在这种情况下，如何避免这类老年人的自我孤立，成为地方政府的重大课题。如果生活在老人周边的人没有对老年痴呆症的认识和理解，那么将有一部分老人游离于护理及医疗服务机构之外。也就是说，如何服务和支援拒绝护理服务的老年人是老人护理中的一个重要问题。

四、老年人周围的社会环境

货币向服务的转换

其他年龄层的贫困问题，主要取决于其经济状况。也就是说，只要经济状况好转，问题就能得到解决。确实，只有残障者和易生病的老年人，才需要福祉和医疗服务。健全的其他人群一般都是因为“失去工作”、“没有住房”、“被排除在社会保险体制外”、“在派遣公司工作”等原因陷入贫困。但是老年人即使不存在“资产”、“退休金”、“住房”、“社会保险”等问题，却因无法享受医疗护理服务、与社会环境脱节而陷入贫困之中。

这种状况是由于货币无法顺利转换成生存所必需的其他物品所导致的。而阻碍货币这种媒介手段发挥作用的有“老年痴呆症”等疾病、“家庭构成变化”及“缺乏地区互助组织”等因素。

家庭构成的变化

从图 1 –9 我们可以看到，三世同堂的 65 岁以上老年人家庭急剧减少，独居的老年人和只有老两口的家庭有所增多。这个图很好地反映了“老龄化”和“核家庭化”的趋势。

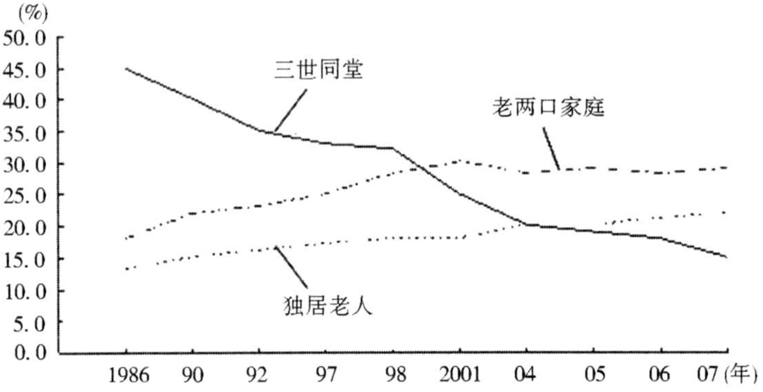

根据厚生劳动省《国民生活基础调查》制成

图 1 –9　65 岁以上老年人居住家庭构成

自古以来，老年人家庭里充当将货币转换为其他必需的生活用品和社会服务角色的都是其他家人。而无人充当这类角色的老年人则早早地入住养老院、低收费养老院、特别养老院等福利设施，由服务机构来充当该角色。

现在的问题是，未入住养老设施的老年人，无法依靠地区、社会来代替家人充当转换的角色。特别是当需要代人完成财产相关手续的时候，日本社会尤其严格。就算持有委托人书写的委托书，如无血缘、亲缘关系，想要代人取出银行存款也绝非易事。虽然法律上有成年人监护人制度，却无法充分地发挥作用。

综上所述，老年人的日常照顾（政府机构的手续、财产管理）仍是以家人为主。老龄化社会进程不断推进，而相关的社会制度却还停留在三世同堂时代。老年人的身体机能日益衰退，相关机能和角色由谁来承担，笔者认为有必要再次进行考虑和探讨。

邻里关系和孤独死

内务府一项“关于邻里关系的意识调查”结果显示，三分之二的人邻里关系并不亲密（图 1－10）。而且，越是小区住宅等聚居地，其比例越高，高达 80%。而这一比例在农村、山村、渔村地区则减少为不足 50%。

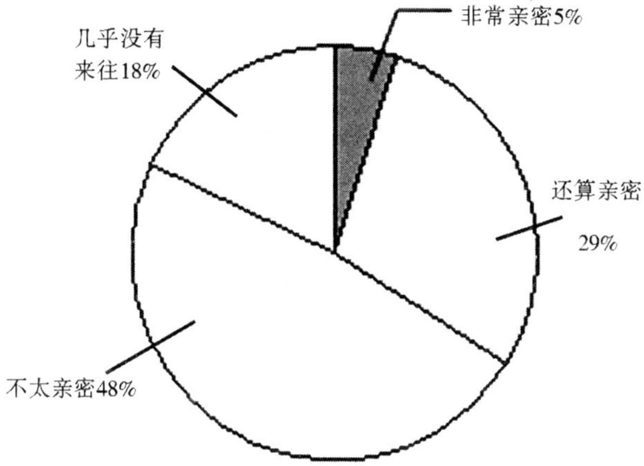

根据内务府 2003 年《国民生活选择度调查》制成

图 1－10　邻里关系调查

也就是说，农村地区会发生“孤独死”现象，人口过少地区也存在这样的问题，而大城市的高楼大厦里，隔壁邻居互不往来，“孤独死”现象更为普遍。

独立行政法人都市再生机构（UR 租赁住宅）在全国拥有 77 万套住宅，发生在这些住宅里的孤独死现象年年递增，其中 65 岁以上的老年人占了 70%。

孤独死去的人里男性居多，占整体的 7 成略少。平均寿命是女性略长，而孤独死的多数却是男性。这是因为男性不喜欢邻里交往，导致人际关系淡薄。而女性正相反，与社会与周围的交流频繁，关系紧密[①]。

① 橘木俊诏、浦川邦夫，《日本的贫困研究》，东京大学出版会，2006 年，第 16—17 页。

笔者据自身在一线担任护理经理人的经历，感到可能陷入“孤独死”局面的老年人都有抗拒与人交往的倾向。不管民生委员如何规劝这些独居老人，多数都认为自己可以自理，坚拒利用护理保险服务。即使那些其居住环境、饮食健康、人身安全均需要人照看的老年人，只要他本人不愿意接受援助，那么外人皆无从介入。而这些老年人最终都孤独地死去。

老年人本人的生存能力

在讨论老年人的贫困和差距问题时需要注意的一点是，不能要求老年人具备与其他年龄层同样的 enpowerment（自身潜力）。而关键在于护理服务机构的的服务程度和护理环境的构造能力。当然，无论护理服务机制多么完善，只要老年人本人没有接受服务的意愿，摆脱贫困都是无从谈起的。

也就是说，能够取得老年人的信任，督促老人将护理服务一直持续下去的护理相关人员可以影响老年人的“贫困”程度。

与其他年龄层的人相比，老年人申请低保的条件门槛低，理应更容易受到来自社会和周围的援助，但实际状况却是跟其本人的接受意愿紧密相关的。不少老年人生活非常困窘，却怎么也不肯申请低保和接受护理保险服务等公共设施的援助，使得自己陷入“绝对贫困”的境地。

同样，也存在经济富裕，却依然拒绝使用护理服务，以至于与“绝对贫困”状态相差无几的老年人。从这个意义上来说，老年人的贫困和差距问题跟其自身生存能力是有所关联的。

五、制度保护下的老年人护理问题

护理设施入住难

特别养老院是需护理的老年人最想入住的护理设施机构。但能够入住其中的人却寥寥可数，跟中彩票的几率差不多。据厚生劳动省的调查[1]，等待入住特别养老院的老年人已增加到42万人之多。

笔者曾负责过一位需护理程度为3级的老人，在家由家人护理服侍，但他一直希望能够入住特别养老院。就这样等待了三年未能如愿，最后因身体无法支撑去世。像这位老人一样按时交纳护理保险费用，申请并完成入住手续，却在等待三年后依然无法入住去世的老年人还有很多。这说明在社会保险制度涵盖下，存在着履行了手续却没能享受所希望的护理服务的老人。

另一方面，地方政府制订的设施完善计划只完成了计划数的70%（表1-9）。社会需求如此之高的公共护理设施，因各种原因却只建成了70%。要想解决这一重大养老问题，各地政府的责任重大。

表1-9　主要的护理设施完善情况（H18-H20）

完成数	计划数	达成率	
特别养老院	3.7万床	5.1万床	73%
老人保健设施	1.7万床	2.7万床	62%
Group home（专对痴呆症）	2.3万床	2.4万床	98%
护理专用型特定设施	0.4万床	1.4万床	31%

厚生劳动省《第三次计划期间设施、居住型服务设施计划增加目标数及其完成状况（2006—2008年三年间增减数）》

贫困产业

接受低保的人群约半数（45.8%）为老年人（截至2009年3月），所以可以说低保行政实施与老年人政策密切相关[2]。

2009年3月一所无照经营的养老院发生了火灾，火灾中数名老人身亡。这些老人都是因无法入住特别养老院，走投无路才投靠了这所无照经营的养老院。而且，这些老年人都是领取低保的人群，这类无照经营的养老院就靠赚取这些老年人的

① 汤浅诚，《反贫困》，岩波新书，2008年，第143—155页。

② 中泽卓实、结城康博，《孤独死零作战》，本之泉社，2008年，第92页。

金钱得以维持，形成了这类“贫困产业”。

此外，媒体还曝光过FIS这样的大公司修建了一些被称作“免费低额住所”的低保设施，专门提供给享受低保的老年人居住。而这些老年人的低保费用却怀疑被该公司移为他用①。

实际上，大城市里存在着很多这样的老年人。他们在公共低保制度的保护下，却居住在疑似为贫困产业的营利性设施里。人们普遍认为日本的老年人都生活在最低限度的安全网里，而现实却并非如此。而且，部分地方政府可以说正是依赖着这样的无经营牌照设施来解决当地的养老问题。

住在自己家里，又享受着政府的低保，那么生活还可以维持在一定水准上。而当这些身体机能退化的老人（不仅限于享受低保的老年人）一个人没有办法生活时，在家居住不再现实，而能够入住的正规养老设施又少之又少。所以有些地方政府不得不依靠上述的那些“贫困产业”来寄宿这些老人。

六、中流意识社会的幻想

养老靠的是运气

就像上述的那样，讨论老年人生活是否贫困、是否存在差距时，不能简单的用经济尺度去衡量。老人的健康程度、人际关系、家庭构成、本人生存能力、生活地区都要列入考虑范围。此外，根据笔者长期在护理一线的服务经验，也不否认还存在“运气”这一决定要素。

例如，同样都是独居老年人，有的有幸入住特别养老院，有的却一生不能如愿。同样都是全力寻找住院机构，有的人偶然因为自己的护理经理人在医疗机构的人脉广、关系硬而顺利住院。不可否认，不管是老年人还是其他年龄层的人群，生活中有时要靠一些“运气”。但是，如果晚年生活全靠“运气”的话，那么不得不说这样的社会还远远不够公平、平等。

① “特别养老院申请入住者状况”，厚生劳动省，2009年12月22日版。

曾经的经济高度成长期也存在贫富差距[1]，但在那个大部分日本人都存在着中流意识的年代，笔者认为老年人的生活状况没有现在这么多的问题，养老形势也不如现今严峻。

从一线思考的意义

老年人的生活状态，通过公开发表的数据进行统计分析固然重要，但单凭上述数据却无法准确得知其贫困和差距程度。甚至有时在护理一线也无法掌握统计分析不能涵盖的一些问题。比如说货币无法转化成医疗、护理等服务的案例就是如此，依照经验根本无法划定分类。

如今的社会保障费用预算的七成都用在了应对老年人养老问题上。这大概是因为养老问题无论在“养老金”、“医疗”、“护理”等领域都是重大课题的原因吧。老年人之间的差距因为年轻时产生的差距无法填补[2]而遗留下来甚至扩大。而且造成这样差距的因素除了经济状况外还有很多，想要分析这些错综复杂的贫困问题和差距问题的影响因子，笔者认为直接从一线进行考察和分析是极为必要和重要的。

结城康博

① 厚生劳动省，《厚生劳动白皮书》，2009 年版，行政出版，2009 年，第 941 页。“免费低额住所 名古屋和千叶 新生两所无证设施 行政监督盲区”，《每日新闻》，2010 年 1 月 22 日版。

② 吉田久一，《日本贫困史》，川岛书店，1984 年，第 4541 页。之所以会产生出现穷忙族（working poor）现象的贫困问题，日本式雇佣体系的崩塌被认为是原因之一。门仓贵史，《穷忙族（working poor）》，宝岛社，2006 年，第 98—102 页。

第二章 养老金领取者的相关问题

一、晚年生活只靠养老金无法维持

变化中的养老金的作用

养老金本应是晚年生活的经济来源，而日本的养老金（基本养老金）需长年交纳保费，年老后领取到的养老金却还不如政府困难补助——低保多。这是因为养老金制度创立之初考虑到国民大多数都是农民或个体户，劳动年限长，又是家庭为单位的小作坊，养老金外还能获得其他收入，所以养老金的发放金额就没有那么多。

而今天，上述的家族式经营的生活形态已远远不能反映出大多数国民的生活状态。没有任何其他收入，仅靠车水杯薪的养老金度日的独居老人和老年夫妇逐年增多。从这个意义上来说，养老金制度没能跟上社会家庭构造的变迁步伐。现实是国民只靠养老金已无法维持他们的晚年生活。

月均 5 万日元左右

如交满 40 年的保费，年老后每月可领取到全额 6.6 万日元的养老金。由于并非所有的人都交够了 40 年的保费，养老金的实际领取金额只有每月人均 4.8 万日元左右。

图 2－1 展示的是将养老金领取者按额度进行划分的结果，

超过6万日元的人数比例不足四成，不足3万日元的超过了10%。同时，由于政策规定，延迟到65岁开始领取养老金可增大领取时的金额比例，超过7万日元的人数仅占5%左右。

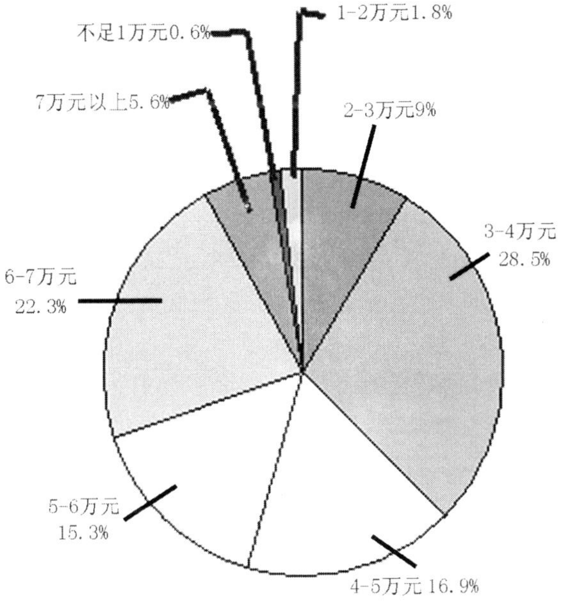

“第12次社会保障审议会养老金部部会资料（2008年11月12日）”

图2-1 养老金领取者各领取额度比例

另一方面，65岁以上的无养老金人数增至42万人，根据表2-1可知，还有一部分未满65岁的人即将成为无养老金者。即使交了数额不少的保费，能够领取到的养老金无法维持最低生活水平，不仅老年人对养老金制度有不满情绪，这种负面情绪在年轻人中也蔓延开来。

表2-1 无养老金人数推算

65岁以上	约43万人
60—64岁	约31万人
未满60岁	45万人

根据“第8次社会保障审议会养老金部部会资料（2008年5月20日）”制成

“傻子才老实缴费”这种风气逐渐传开，致使不参保的人越来越多。同时，由于现今的就业环境十分恶劣，应该参保的适龄人群里很多人都因为身份为非正式员工，工资低，仅能维持最低生活水平，无力缴纳养老保险费用。可以想见，这一部分人年老后将成为无养老金者。

二、养老金领取者的居家护理

经营过夫妻荞麦面馆的小林女士

小林惠子女士（化名）经常边叹息边念叨“怎么不知不觉就变得如此贫困了”。这位女士曾与丈夫靠经营一家小荞麦面馆养大了两个孩子。年满 70 岁后，儿子夫妇继承了面馆，老两口搬到公租房里居住，依靠养老金精打细算地过着日子。

好景不长，75 岁开始，小林女士的丈夫开始出现痴呆症状。半夜在屋子里打转，外出找不到回家的路。渐渐地连自家厕所都找不到，只能在阳台小便，最后发展到必须时刻有人照看的地步。再三考虑加上周围人的建议，小林女士为丈夫申请了护理保险，白天将丈夫交由附近的护理所进行照看。结果，丈夫的痴呆症不断恶化，开始出现打人骂人的症状。

在护理所里，小林女士的丈夫时常嚷着要回家，工作人员阻拦就拳脚相向。对其他的老年人也经常大声训斥。护理所尽力安抚和照顾，但因考虑到小林女士丈夫的不稳定状态会危害到其他老年人，婉拒了小林女士丈夫继续前往护理所的要求。

回家后，小林女士为丈夫又申请了上门护理服务，但丈夫拒绝护理人员的照顾，经常拳脚相加。

小林女士有心绞痛病史，这样日夜不得休息照顾丈夫让其身心俱疲。后来，丈夫对小林女士也挥拳相向。鉴于丈夫这种状况，在家由自己护理已不现实，孩子们又都有自己的家庭负担，实在难以开口让他们来照看丈夫。与护理经理人商量后，小林女士开始考虑让丈夫入住养老设施。

在等待养老院申请被批准的期间，小林女士打算暂时先让丈夫住到临时住地（暂时入住设施）里，为此在主治医师那里拿到健康诊断书。而诊断书上记录着小林女士的丈夫曾

“患有结核病史”。老年人里患过结核病的人并不少见，而且丈夫的体检结果也是阴性的。但申请的好几所短期设施都以不知何时复发为由拒绝了小林女士的申请。

没有办法只能让丈夫住到精神科疗养病房里，但为此要付出每月 20 多万日元的费用，存款很快就花费一空。一年后，丈夫在病房里走完了人生的最后一程。回忆起那个时刻，小林女士说“说实话，我感到终于解脱了”。

丈夫的葬礼耗尽了家里最后的一点钱财，每月领到的微薄养老金让小林女士不得不开始烦恼自己今后的生活。操劳一生，养老保险也按时缴纳了，却不够晚年生活。考虑到小林女士不想成为儿子的负担，护理经理人劝小林女士申请政府低保，但每每这时小林女士便露出犹豫的神情。

节俭成性的老年人

从事护理经理人这个工作，笔者发现无论你觉得护理的老年人多么需要居家护理服务，只要老人以没钱为由拒绝，接下来的工作就难以开展。

对于只靠养老金生活的老年人来说，自费一成的护理保险服务费也会让他们的生活举步维艰。所以不管笔者怎么劝生了褥疮的老年人租一个“防褥疮垫”，他都不会答应。尽管一成的使用费用只需要每月 500 日元，但老人却无力承担。

为了节约纸尿裤的费用，有的老年人将一个纸尿裤分成两半使用，有的老年人将小部分弄湿的纸尿裤晒干重复使用。有的护理人员还见过冰箱里只有一颗鸡蛋、一个枯萎的白萝卜的老年人家庭。还有不少老年人为省钱减少看病次数，停止使用空调，过着极为艰苦简朴的生活。对于他们来说，生活的唯一乐趣就是和一周一次上门服务的护理人员说会儿话聊会儿天。

2009 年护理报酬修订带来的更多费用

这样节衣缩食地生活着的老人们因护理从业人员的待遇提高而不得不负担更多的服务费用。2009 年政府修订了护理事业从业人员报酬，规定为配备了护理福祉士等高级专业人员的护理事业单位增加预算。

这样一来，明明护理服务内容没有丝毫改变，就因为国家提高了护理报酬，老人们为此要付出比以往更多的使用费用，这对生活艰难的老年人来说无疑是雪上加霜。

但令人费解的是，依靠远远低于低保费的养老金度日的多数老年人——尤其是八十岁左右的老年人都不愿意申请政府的低保。据说是因为顾及在亲戚面前的体面。

除了面子问题外，好多老人一听说低保的申请条件之一是零存款，就打了退堂鼓。无论如何送终的钱老人们是要留在手里的。

舆论降低了老年人的生活水平

接受政府低保的人群无论是房租、医疗费还是护理保险费都有所保障，而单纯的养老金领取者却需要全部自费。因此，社会上有人开始对低保户进行中伤和诽谤。他们认为“低保费比养老金还多，太不公平”，极力主张“应该按养老金领取者们的生活水平下调低保费”。

这些言论将进一步降低老年人的生活水平，让其生活更加接近底线。照理说应该主张按低保户生活水平提高仅靠养老金生活的老人生活水平的，但遗憾的是很少听到这样的声音。

无老本老年人的不断增加

2008 年春节在日比谷公园举行的“过年派遣村”活动上，担任村长的汤浅诚先生讲话中提到无老本是人们陷入贫困的因素之一。一个有父母、有家、有朋友的人就是有老本的人，即使失业了短期内也不会沦落到流浪汉的地步。而如果没有这些社会资源、无老本就会马上让其陷入最糟糕的局面。

而换做需要人照顾的老年人，一旦无老本，问题将更加严重。同样是需要人护理服侍的状态，家庭经济实力、同住的家人、家庭护理能力、邻里关系、地方福利资源、居住环境等因素将大大影响其生活水平。

在少子化、就业环境恶化的今天，家庭护理能力不断低下，周围人际关系日益冷漠，在这种情况下很多人产生了只有钱靠得住的想法。

特别是小泉政权实行“小政府”、“个人自主负责”、“民营化”政策后，福利预算被缩减，人们认为这种想法是非常现实的。

2000年4月实施的护理保险制度加入了自我申请环节和民间服务机构的力量，大大缓和了政府福利预算。值得肯定的是实行护理保险制度后，护理服务的确更为贴近国民生活，服务种类和数量也更多了。可是，由于加入了自我申请环节，不会或不能自我申请的穷人被排除在制度之外。令人不得不对应该救助这类人群的公共福利服务的作用提出质疑。

三、护理经理人所见所闻

与负债累累的儿子同住的老年人（案例1）

有的人想要加入养老保险，但因为频繁换工作，间或失业，保费的缴纳年份不足25年而无法领取养老金。也就是说，就算缴纳了24年的保费，也是无养老金的人。养老金问题作为重大社会问题广受关注，国民对社会保险厅、养老金制度不信任态度日益明显，但更为棘手的却是无养老金问题。独居老人还可以申请政府低保，像立花美纪女士（化名）那样跟儿子同住的老年人却毫无办法。

立花女士因脑梗塞后遗症右半身麻痹，患有轻微的老年痴呆症，和独子一起生活。因数次变动工作未缴满养老金保费年份无法领取养老金。为了生活，独生子不得不早出晚归地工作。

因老人白天独自在家，笔者为其制订了早晚两次护理人员上门服务、一周两次上康复所进行恢复训练、租用专用护理床和轮椅等多项护理计划。计划得到了立花女士的认可，居家护理进行得非常顺利。

但短短几个月之后，笔者接到了来自各护理服务机构的投诉电话。说立花女士没缴纳护理保险制定规定的一成自费部分，拖延支付在康复所的就餐费。过了几天，又接到了上门护理员说立花女士家煤气被停用，没钱买食品做饭的报告。笔者急忙欲与立花女士取得联系，不料其家里电话被停机，独生子的手机也打不通。

其实，几周前立花女士就对笔者说过自己没有养老金全靠儿子抚养，康复训练和上门护理都不想再继续了。但因迟迟无法联系上其子，老人的护理计划也就一直没有变更。几番联系无果，笔者某日赶在立花女士儿子出门前去了她家，总算是功夫不负有心人。具体情况立花女士儿子不愿多说，似乎是正在被迫还债。商谈的结果，笔者只能按其要求大幅度减少了立花女士的护理项目，而未缴纳的自费部分其子答应分期还清。

虽然没有养老金，但只要同住的儿子有收入，排除被虐待等特殊情况，像立花女士这种情况的老年人都没有资格申请低保。他们也考虑过分开居住，但不舍亲人骨肉分开，进而作罢。在那之后，立花女士的护理保险申请认定到期，重新申请认定时，被发现拖欠保费，只有分期支付未缴纳保费。据笔者所知，立花女士现在仍过着如履薄冰的生活。

两位痴呆症独居老年人（案例2）

需护理程度和生活环境相同，但经济能力却使她们的生活产生了差异。80多岁的木村孝子女士和草野美纪女士（皆为化名）都是住在公寓里的独居老人。由于患有老年痴呆症，记性极差，以至于护理员刚离开就打电话给119或民生委员投诉，说护理员今天没来，自己一点儿东西都没吃。邻居们对她们的抱怨也不少。甚至连护理服务事业单位每天给笔者的汇报里多少带有对她们的不满意见。进而，笔者根据两人的身心状况判断两人已不能再继续独居，居家护理不再适合她们。

这两位老人的经济状况天差地别。木村女士每月领取的养老金虽少，但拥有几千万日元的存款。在商讨木村女士今后生活的会议上，参会亲属让笔者看了他们保管的木村女士的存折，笔者心中的石头落了地，有了这笔钱木村女士的生活和护理都不用发愁。入住特别养老院的可能性太小，与亲属商议后，我们决定直接让木村女士入住新设立的收费养老院。

另一位草野女士就没有那么幸运了。很早就开始独居，经常因不适呼叫救护车，是医院的常客。儿子一家都在上班，不可能在家照顾服侍她，所以只能一个人生活。长时间卧床休养，现使用的护理服务已是护理保险制度规定的上限。不久后，自己已经很难起身，身体状况不断恶化，再加上痴呆症日益严重，在家生活已十分困难。

因生活窘迫，为草野申请了政府的低保。但现在很少有设施接纳低保户入住。新设立的特别养老院又是单间偏多，房费等费用起码要 12 万—15 万日元。其实，以草野女士的情况，四人间的话还勉强可以负担，但如今新设的设施都不再设四人间，只能等待原有设施的空位。低保老人数目不断增加，可以接纳他们的福利设施数目却依然如旧，排队的队列只会越来越长。

没办法只能让草野女士短期入住养老院，同时又增加了上门护理的服务次数，总算将草野女士的独居生活维持了下来。但在一个炎热的日子里，护理员发现草野女士气若游丝，送医院急救结果是患了吸入性肺炎，只能住院管饲治疗。但出院后的去处依然没有着落。草野女士的养老金很少，远远达不到政策规定在家老年人的 13 万日元的生活标准，因此申请了低保，按月领取补助。由于住院治疗或入住老人保健设施所需费用不多，政策规定这种情况下不能再领取低保。一旦变成非低保户，与生活福祉课调查员的联系减少，寻找出院后的出路更是难上加难了。

依靠父母养老金生活的单身照顾者（案例 3）

有很多由单身无工作的子女照顾父母的案例。他们大多数是因为经济不景气被裁员、或因年轻气盛无法协调公司内部的人际关系而被炒鱿鱼的失业人口。当然，其中也有一部分人是为了照顾父母而辞掉了工作，并且以男性居多。也有一部分人习惯了依靠父母的养老金生活，不再找工作，把照顾父母当做了自己的工作。这些照顾父母的人中有的对护理员和日间服务所的咨询人员的要求几近苛求，还经常向相关部门提出投诉。

像这类案例，父母和子女之间极易产生强烈的依存关系。而且子女比被照顾者本人对公共护理服务的要求还高，有的因此常常更换护理员和护理事业单位。一般来说，这些案例的老年人与邻居和亲戚的关系都不太好，这样就更容易造成与子女的相互依赖关系。也就会出现无论老年人的身体状况多么糟糕、其子女的精神状态多么不稳定，多么符合去养老设施，一律坚持居家护理等现象。子女为了避免失去养老金这个经济来源和自己的存在价值，一般都极力反对父母入住养老设施。再加上现行的护理保险制度限制了与家人同住的老年人对养老设施、护理服务的使用，使得这部分家庭更加脱离社会，更加私密化。可是，不可否认的是这种状况持续下去，肯定会出现虐待老人和放弃护理的现象。

82 岁的中野良子（化名）女士的儿子 40 多岁，单身，毕业于国立大学，曾在一家一流企业上班，不幸遭遇金融风暴被裁员，半年前开始依靠母亲的养老金生活。中野女士因脑梗塞后遗症需人护理服侍，生活无法自理，其养老金完全由其子掌管。针对中野女士的情况，笔者先后向其子建议过日间护理、护理员上门服务或上门看护等服务项目，其子都以各种理由拒绝了。

就这样中野女士的儿子还经常给笔者和相关部门打投诉电话。刚开始主要是抱怨护理服务不周到，到后来竟然说出“没钱，死了算了”等话，再后来不断升级，每日的电话内容变成了“我要跟母亲一起死”。据说是因为中野女士的养老金每到月中就花费一空，没钱买菜做饭，也没钱交纳房租，几乎被逼得走投无路。笔者担心这样下去中野女士将被虐待，与政府福利工作跟踪调查员商量后，着手让这对母子分家，将中野女士送入养老设施。

横滨市小旅馆街的护理事业

横滨市的寿地区、东京的山谷地区和大阪的釜之崎是日本著名的小旅馆一条街。山谷地区和釜之崎小旅馆一条街的住户大多还是社会底层劳动者，而横滨的寿地区现在已经发展成老年人、残障者、亚洲其他国家和地区的打工仔、急剧增加的背包客的栖身之地。

这里密布着只有一张床大小的小单间旅馆，房间的角落放着轮椅和拐杖。房间外面坐着很多从白天起就坐着轮椅端着一杯酒的老年人。

就在这样的地方，提供上门护理的访问护理事业机构越来越多。服务对象几乎都是政府低保领取者，他们与家人早已断绝关系。但也不能一概而论地说他们都很贫困。因为他们在这里可以接受跟别的地区一样的护理服务，生活又有政府的低保做保障。与其他地区不同的地方可能就是居住环境不佳，没有独立卫生间。他们中间有些人嗜酒好赌，为了避免他们将生活费挥霍一空，在政府福利工作跟踪调查员的劝说下他们同意将一部分生活费交由护理人员保管。这条街上蔬菜店、便当店很多，也有地方政府修建的公共澡堂，老人们可在护理员的帮助下在那里洗澡。总体而言，在这条小街上可以获得相对高效的护理服务，整个街道就像一个综合的养老设施。

当然，这里的酒精中毒者、精神病患者比其他地区要多，暴力事件和孤独死也是家常便饭。但护理服务事业机构与政府福利工作跟踪调查员、医疗工作者联系频繁，一旦有情况可立即安排老人住院或入住养老设施。而且，被认为规定过细不便于实际操作的护理保险制度在这里允许灵活处理。因为不这样的话就难以对居住在这里的老年人实施护理服务。因此，最近寿地区因其福利设施齐全被称作“福祉之街”，受到全国的关注。

四、护理保险制度外的服务

回顾护理保险制度

2000 年 4 月，护理保险制度创立，起初被称作是摸着石头过河的制度。一线的工作人员为此不得不在极短的时间内努力适应政府行政措施制度向护理保险制度的转变。在护理保险制度规定下，政府行政措施制度时代所设立的护理事业所、日间护理所、养老设施如未与使用者签订使用契约书，一律不得再为其制订护理计划，提供护理服务。

在制度实施之初，笔者工作的横滨市还依稀残留着政府行政措施制度时代的行事风格。不少上门服务的时间都超过了 3 小时，陪同看病也作为身体护理的一种形式得到认可。事态紧急时，比起完成护理保险申请和填写申请资料，首先考虑的是如何向老年人提供护理服务。例如向未完成护理认定手续的老年人派遣上门护理员，老人单身一人时，与政府福利工作跟踪调查员商议向老人提供行政服务。这些如今都已是不可想象的事情了。

现行的护理保险制度

现在，护理保险制度中的各项服务被各地方政府以公平合理的名义不断细化、修正。像陪同看病治疗这样的服务基本上已被排除在护理保险制度之外。而且，各地方政府还逐步缩减行政福利服务项目，让护理保险制度独步天下。

地方政府每次修订制度，都使服务利用的条件变得更为苛刻。而厚生劳动省最多也只是喊喊口号，声称“护理保险制度的宗旨一直不变”。而现实却是不断限制护理人员的服务时间。上门护理员的生活援助（家务援助）一次最多支付一个半小时的报酬。身体护理也同样，服务时间一超过一个半小时，报酬就变得极为低廉。当然，服务事业单位从维持经营的角度不得不限定服务时间。这样一来，服务的质量也就可想而知了。而这种“断粮”的方法确实也达到了政府预想的效果。

在这种状况下，出现了一种被称作“混合护理”的服务形式。也就是可花钱使用护理保险制度规定外的服务。这种服务形式迅速地渗透到上门护理服务中。比如，接送到医院属于护理保险制度规定内服务，但院内候诊和陪同看病却属于规定之外。这种情况下，老人就不得不同时利用护理保险和自费服务两种服务类型，也就是典型的“混合护理”服务。

自费服务的花费比护理保险制度中一成的自己负担要高得多。虽然具体标准是由每个提供服务的单位自行设定的，不能一概而论，但上医院看次病，有的老人花费可将近一万日元。但如果不花这笔钱，远处的家人就得请假来陪同自己看病，所以有的老人减少了看病次数，有的甚至索性不再看病。就这样，护理保险制度在财政问题的影响下，不知不觉中与制度设立之初所标榜的“减轻家人护理负担”和“护理社会化”越行越远。

现在很多护理服务事业单位忙于制作书面资料，惧怕投保者的监察和指导。不少经营者不重视护理保险服务，一味追求企业利润，将经营重心放在为富裕老年人提供自费服务上。

有的老年人花钱雇护理员陪同前往温泉旅行，有的老年人却为了节省纸尿裤费用将其分作两次使用。居家生活的老年人里所反映出的贫富差距远胜于养老设施里的情况。

五、建立最低限度的护理保障

为了在以政府行政为主体的福利制度里加入使用者本人意愿和增加服务选择权，政府创立了现行的护理保险制度。护理保险制度实施以来，使用者和服务提供者数目都大幅度增加，与政府行政措施时代相比，护理服务更为贴近国民生活，这一点是值得肯定的。

但也有只靠养老金生活的贫困老人，他们连一成费用也无力承担，甚至无法保障用自己的意愿来自由选择的权利。“不使用”和“无力使用”之间存在着明显不同，现行福利制度却忽视了这种不同，将“尊重本人意愿”的宗旨置于不顾。

以政府行政为主的福利措施制度，由于服务利用者有限，确实存在效率低、服务面窄等问题。但不顾其作用和社会功能，将护理服务全部交由护理保险制度的结果会使得救贫性护理服务完全消失殆尽。

介于对实际情况的上述分析，笔者认为政府有必要明确救贫性护理服务的定义，建立社会保险制度（护理保险制度）惠及不到的领域的福利性护理服务制度。

石井郁子

第三章　高龄者贫困及特别护理型老人院面临的问题

一、特别护理型老人院的作用

低收入者最后的堡垒

2002年，特别护理型老人院（以下简称为“特护”）里出现了单人间护理，全国范围内除小部分以外，大多面临各种问题。入住时的经济负担，不单只是高龄者的问题，在家庭成员就业形势的影响下，全家可支配的收入减少，因此，无法入住老人院的高龄者越来越多。

无法预测将来能否入住老人院设施，而疲于在家护理老人的家庭，最终导致“护理杀人”的事件，不得不说是“悲剧”。山形县也曾发生过护理杀人事件，使我深刻认识到这种现象的普遍性。

不可否认，护理保险制度不能满足所有的护理需求，越来越多的高龄者需要传统的应对方式，也就是所谓的“措施（福利性护理需求）”。

目前，有40多万人等待入住特别护理型老人院（特护）。非单人间，而是4人间的特护，是护理设施中所需费用最少的老人院，希望入住的人络绎不绝。最近，小规模多功能型家庭护理服务及团体之家等方式的护理，逐渐出现在社区的护理设施中，但其受欢迎程度仍远远不及特护。

此外，护理问题不仅靠特护等硬件（建筑物）解决，还应对软件方面进行探讨研究。一直以来，在措施制度时代（在护理保险制度实施之前，特护是在措施制度下运营的），特护所具备的作为高龄者现场安全网的功能出现退化。因此，对于福利及收入偏低的老人来说，这是应亟待解决的问题。

什么是特别护理型老人院

按照高龄者福利法设立的入住设施分类，可以分为特别护理型老人院、护理型老人院、低费用老人院。其中，特别护理型老人院自高龄者福利法颁布之后，在日本高龄者福利服务中发挥着极其重要的作用。设立的目的在于，让 65 岁以上、身体或精神上有明显缺陷、需要长时间护理，但在家中很难得到护理的高龄者，能够入住设施得到照顾。

由于特护成了入住者的基本生活场所，因此就需要更改居民卡上的地址。一般来说，只要不患大病、不住院的话，特养就是老人们生命中最后的居住场所。床位的周转率平均是 15% 左右，每年可以新入住的人数，50 床位设施里是 7—8 人，80 床位设施是 12 人左右。

入住时，不是根据申请顺序，而是按照一定的入住标准来决定的。比如说，对“需护理程度”、“家庭情况”等进行打分，来决定入住的先后顺序。当有空床位时，符合条件的人可以按照先后顺序入住。

但是，并非所有的情况都是按照章程来入住的。如遭到虐待的老人可以优先入住等。但一般都无法应对紧急情况，以强制措施入住的情况极少。

设施的服务包括洗澡、排便、进食、社会生活援助、趣味活动等。按照护理保险法的规定，入住的老人被认定的需护理程度必须是 1 级以上。入住时，和设施签订合同（高龄者福利法规定的措施，只适用于紧急情况）。到 2007 年止，共有 5892 家特护设施，可容纳 413000 人。

然而，正如文章开头所述，自 2002 年起，过去的 4 人间居住环境得到彻底改善，为了实现尊重老人尊严的单间护理，特护一直在以单人间护理为中心进行整顿。可以说，除个别地区以外，新设的特护，基本上只认可单人间。

另外，2005年10月修订了护理保险法之后，特护里的食宿费（旅馆费）变成由入住者承担，实质上加大了入住者的负担。其结果是，从经营设施的角度看如何提高经营能力成为新的课题。

30%护理员是男性

女性护理女性，已经是过去的事情了。如今，男性护理员约占30%。厚生劳动省《平成19年国民生活基础调查》结果表明，与需护理的老人一起居住并负责护理的家属中，配偶占24%、儿子占17.9%、儿媳占14.3%。

与老人一起居住并负责护理的家属，从性别上来看，男性28.1%、女性71.9%。也就是说，负责护理的家属中，男性占三成左右。与2001年、2004年相比，该比例有大幅度增长。

男性护理员的年龄层次，大多集中在50－80岁。为了护理老人，不得不在50多岁时辞掉工作，收入急剧减少，并承担所有家务。这部分人负担日益加重，压力剧增，时有虐待老人的事情发生。2008年度，从虐待者和受虐待者之间的关系来看，儿子占40.6%。

总之，无论护理员是女性还是男性，对于可能遭受虐待需要护理的老人来说，特别护理型老人院就成了紧急容身之地，通过措施制度（福利）可以入住老人院设施。同时，正如前面所述，由于制定了护理保险制度，通过措施制度入住特别护理型老人院的情况极少，事实上，特护的福利性功能在不断减弱。

二、山形县的实际情况

高龄者的现状

据山形县的调查可知，截止到2007年10月，山形县总人口大约有119万，老龄化比率为26.8%。超过了全国22.1%

的水平，仅次于岛根县、秋田县、高知县、山口县，排在全国第五。并且，超高龄者占高龄者人口的半数以上，且有每年持续增长的态势。县内的各市、镇、村的老龄化比率皆超过20%，镇、村平均为30.2%，市平均为25.9%。

此外，在山形县内，65岁以上老人的家庭占据总住户的比例高达51.7%，三代同居家庭占42.8%，属全国最多。但该比例在逐年下降，“只有夫妻”、“只有父母孩子”、“独居”的家庭不断增多。

特护的设施修建率

山形县的特护修建率偏高，是因为三代同居家庭居多，而另一方面夫妻双方都工作的家庭也很多。所以，老人一旦病卧不起需要护理时，大多会选择让老人入住老人院等设施。然而，通常来说，单人间的费用每月高达12万—15万日元，由于经济原因无法入住，因此很多人在等待4人间。

山形县等待入住特护的人，截至2009年3月共有1169人，并制订了在2011年之前，增加大小规模455人定员床位的计划。为了让更多的人入住特护，目前依据国家护理基础紧急修建费的补助制度（新建设施时的补助金）来进行扩建。预计到2011年度，可确保1382个床位。

依据2009年5月后新颁布的补助金制度来扩（修）建设施，对于经营者来说是极其有利的。比如对小规模特护，过去国家拨款补助4000万日元，山形县拨款补助2000万日元。但是，2009—2011年，仅紧急修建一项，国家的拨款补助金额就提高至1亿150万日元。

大城市和地方的区别

东京都的特别护理型老人院的总床位数为34000张，等待入住的人则多达38000人以上。这不仅反映了东京都的特别护理型老人院的床位数不足，还表明目前还需要2倍以上的新床位。这种情况和前面讲述的山形市的情况大体相同，床位不足成为全国的普遍现象。由于需护理的老人增多、双职工、老人护理老人（老老护理）、老年痴呆患者护理老年痴呆患者的情况增多等，不难想象今后希望入住的人会越来越多。因此需要充分考虑将来的发展趋势而有计划地制定新床位保障制度。

为此，首先需要的是建设资金。但是，大城市和地方之间存在差异，其中地价的差异最为明显。也就是说，与地方相比，大城市的设施建设要花费巨额费用。这也暗示着有能力承担巨额资金的法人是有限的。

另外“远离护理”的人才缺失现象越来越严重。年轻人选择未来的职业时，不再有很多人选择“护理”。另外，也存在学过护理或有过实际工作经验的人，转向其他职业的现象。在这种背景下，新开设的老人院设施，在人员配备上很难符合标准，最终无法让原预计床位数正常运转，有不少设施只能运转原计划的 30%—80%。

总之，建设新设施需要花费巨额资金，需要煞费苦心地确保护理人才，此外，护理报酬也要得到保障。

三、特护的费用负担

每月的费用

护理保护法修订之前的 2005 年 9 月止，在笔者调查的养老设施里，4 人间的每月平均费用是 36654 日元，最高为 51630 日元（其中包括市补中需要负担费用或不需要负担费用的人）。但是，修订后的 2005 年 10 月开始，平均费用变为 47132 日元，最高为 81090 日元。并且，2009 年 9 月份，平均费用是 53328 日元，最高达 110340 日元，费用逐年提高。

如此一来，仅靠国民养老金就可以入住老人院就变得十分艰难。本来理想的状态是即使不依靠子女的经济援助也可以入住老人院。但在笔者所在的设施里，有不少无法领取到预期金额的国民养老金的老人，只能靠家人的经济援助筹措入住费用。

此外，变成单人间护理后，由于每月费用由原来的 12 万日元上涨到 15 万日元左右，即便是入住到了老人院设施里，有很多家庭因父母的经济援助问题，兄弟姐妹之间发生矛盾冲突，导致家庭关系破裂。

本来，在老人自身的养老金及存款范围内，能够入住作为公共设施的特别护理型老人院，是最合理的。当然，对有收入的人，征收一定的费用也没太大问题。然而，那些低收入老人，只有在家人援助下才能入住老人院的老人成为很大的问题（拥有大量土地及资产的情况除外）。

事实上，一旦病卧不起可利用的公共设施就只有特护了。今后，从老人护理老人及痴呆患者护理痴呆患者的情况不断增多的情况来看，将有可能视家庭援助情况，决定是否可以入住老人院设施。

未支付费用的例子

特护费用的多少在一定程度上参考了个人收入等，是在可支付费用金额的范围内的。因此，自申请入住特护时起，在考虑个人养老金收入的基础上选择设施，应该不会有问题。然而，这仅限于4人间特护。也就是说，收入偏低的人，被排除在单人间的特护选择标准之外。即便申请了，到入住的时候，也会遭到老人院设施的“拒绝”。

还有一些家庭虽然支付了远远超过老人收入的服务费用，选择入住到特护的单人间，但将来很有可能承担不起高额的费用支出。

前段时间，有一位女士到老人院设施里咨询父母入住的事情。父母双方都是需护理的状态（父亲需护理程度为3级；母亲需护理程度为5级），希望尽快入住老人院。父母两人当时正住在另外一家老人院设施的单人间里，但由于费用太高，已经无法继续承担，所以希望从原来的老人院出来，转到费用较低的特护。

父母双方虽然都有养老金，但2人入住老人院的费用已超过他们的养老金收入，至今为止一直是靠存款等筹备费用，然而存款也快用完了，所以来我这里咨询。事实上，从一家特护转到另外一家是比较困难的，最后建议她先和现入住的特护商量解决。但由于无法继续支付费用，父母从老人院出来回到了家中，申请入住4人间的特护，一年后才最终得到解决。

类似这种虽然一开始入住到单人间，但难以支付之后费用的家庭并不少见。原本希望在养老金收入范围内选择养老院设施，但结果却是根据家庭收入情况优先入住。

此外也有这样的例子，虽然个人养老金收入足够多，但因为家庭收入不稳定，个人养老金变成了家庭的生活费用，而不能用来支付养老院费用。还有，虽然是个人养老金，但因为由家人负责管理其收入，而迟迟不向养老院支付费用。家人总会由于各种原因，推迟支付养老院费用。这种情况下，出于人道主义，养老院不能以未支付费用为由，强迫高龄者出院，从而陷入“福利”和“经营”的两难境地，这就是当今特护的现状。

虽然服务越好价格越高。但“福利”服务不能这样简单地界定。不能一概地根据建筑物的新旧程度、设备的好坏情况，判断养老院的优劣。单人间的特护，被称作是“享受高服务，承担高负担”。然而，更重要的是，特护应该重视满足福利需求的责任和义务。改善居住环境，提高质量固然很重要，但更要求考虑如何应对老人护理等福利性服务需求。

四、单人间和低收入者

单人间和福利

对于个体特护和福利，2003 年 3 月 31 日厚生劳动省发布了相关通知。通知中提到，在 4 人间传统特护占据大半的现状中，“在限定条件下”可以使用收取居住费的单人间特护。其限定条件是，依靠养老院设施或自治体的努力削减居住费（单间费），或不免除或征收居住费手续，允许其入住。

虽然单间费是居住费，但福利制度不承认是住宅补助的范畴，而只进行护理补助。所以可以理解为除特殊情况外无法使用福利费支付单间费。因此在现阶段来说，享受生活保护福利的老人希望入住单人间的特护时，若养老院设施或自治体不给予特殊考虑的话，是无法入住的。

换个想法，如果说为了换个地方生活而租用特护的一间房间，那其实和公寓等住宅是一样的。原本就应当承认单间费属于住宅补助范畴，即便是享受生活保护福利的老人，也应该能够无条件入住。如果把特护的单间当成奢侈品的话，除特例外，享受生活保护福利的老人是不可能入住的。

然而，认为单间是奢侈品的想法并没有错。因为和4人间相比，支付单间的费用会更高。如果把特护里的单间当成奢侈品的话，那么只要向国民解释清楚这种概念便能解决问题。但其前提条件是，必须同等程度地增加单间和4人间的床位数，扩大老人的选择范围。然而，新建的特护趋向单间化的倾向，会限制老人家庭的选择机会。

厚生劳动省的“推进新建特护单人间化”的方针一直在贯彻执行。这个方针有可能剥夺享受生活保护福利的老人的生活场所，威胁到最低生活保障。对于老人来说，特护就是最后的安全网。为发挥好这个作用，特护应当充分考虑低收入人群。

虽然有福利补助……

自2005年10月1日起，餐费和居住费不在护理保险服务范围中，成为由个人承担，这实际加重了入住老人的负担。

想想一直以来的薪水标准，低收入人群的处境将非常困难。因此，国家设定了一定程度的居住费和餐费标准，无法支付标准金额的低收入人群，可以通过补助福利（补助制度）的形式，公费支付差额部分。

但是，福利补助是按照收入划分等级的。入住老人院后，向市、镇、村提出申请，几周后才能收到决定通知。所以，很多人在刚入住的时候，不知道今后自己实际负担的额度会是多大（可以获得多少补助）。也就是说，普通市民不太明白这种补助制度。并且事实上，福利补助（补助制度）的确定，与设施职员都很难把握的税收制度也有一定关系，所以仅根据个人收入是无法预测的。甚至有这样的情况发生，入住单人间特护后，低收入人群的个人承担费用比预期要多出很多，入住不久只能搬出养老院。

付费老人院的危机

目前，付费老人院比较混乱。此外，市、镇、村等的福利计划中，也有将付费老人院当作等候入住特护的床位保障。

但是，低收入者无法利用付费老人院。因为入住时需要一次性付款的情况居多，即便不需要一次性付款，但由于每月费用不断上涨，在城市每月需花费大约30万—40万日元。2007年度，厚生劳动省公布的国民养老金领取金额约近4万日元。也就是说，需要支付养老金10倍左右的费用。另外，领取生活保护的老人在不断增多。可以说，付费老人院只是部分老人的容身之地。

并且，倘若除去入住时支付的整笔费用，单人间特护的价格，也和便宜的付费老人院没多大区别。与普通的付费老人院相比，虽然特护设定了相对较低的费用价格，但从养老金的平均领取额度来看，费用依旧偏高，是在加重家庭的负担。

考虑到享受生活保护福利的老人能利用单人间特护的可能性不大，今后应当力求扭转新建特护向单人间发展的趋势。

五、特护的课题

人手不足

在笔者的设施里，由于目前的经济不景气，勉强可以保障护理人员的数量。但经济形势好转后，就要努力确保人员的不流失。由于其他产业处于低迷状态，不少人才流入“福利”，从这种就业形势来看，无法保证长期稳定的护理服务。将来如果这类服务人才得不到保证的话，就很难提供高质量的“护理”。

福利和商业的两立

山形县的特护修建率排名全国第四，居民对社区内特护抱有很高的期望值。并且，普通市民和需护理的老人的家人，都强烈希望修建特护设施。但是，修建新特护需要资金，而且不再像过去那样，有四分之三的公费补助。基本上是凭借创办人出资，以此鼓励发展特护商业的形式。对于特护来说，商业模式固然重要，但同时也需要发挥福利性作用，应当努力实现商业和福利的双赢。从这个意义上来说，我们不能忘记：对于低收入者来说，特护是唯一可以入住的护理设施。

峰田幸悦

第四章　家庭关系的疏远及其现状
——从急性病医院社工的角度看

一、社工所看到的

作为急性病医疗机构的社工服务者之一，笔者给单身或老龄夫妻家庭提供出院后的援助工作。“工作一生”的老人即便过了退休年龄，有的还继续工作，有的希望参加各种感兴趣、有意义的活动。当然，日常生活方面是可以自理的。

但如碰到摔倒造成的腿骨折、脑梗塞、难以治愈的神经系统疾病等突然的变故，就不能再像住院前那样自食其力了。医生、护士为了顾及“工作一生”的老人的情感，常常委托社会福利人员来进行生活方面的支援。

正如前面所述，据国势调查及国民生活基础调查，最近数十年里，“三代家庭”在持续减少，相反，“单身家庭”、“夫妻家庭”、“父母与未婚子女的家庭”在不断增多[①]。

另外，2005 年单身老人的比率，65 岁以上老人占 15.0%，是 1975 年的 3 倍左右，绝对数是当年的 10 倍。特别是东京都的比率为 21.7%，是 1975 年的 3—4 倍，绝对数高达 14 倍。在东京都，75—84 岁的女性有三分之一是一个人生活，占 65 岁以上人口的 26.1%[②]。

从统计来看，单身及高龄者家庭不断增多，尤其是超高龄者患病的风险偏高。所以不难想象，被送到急救医院的老人中，与家人分居或没有家属的会越来越多。因此，住进急救医院、身体不便的老人虽能够安心进行治疗及进行康复训练，能够在自己熟悉的社区及长期疗养设施里生活，但同时由于长期与家人分离而造成家庭关系的“贫困”。本章我就这个问题谈一些个人的拙见。

二、贫困与疾病

2008 年汤浅诚提出了“滑板社会”的概念（汤浅，2008），被称作日本贫困研究第一人的川上昌子在更早时期就指出日本贫困层在不断扩大的事实（川上，2007）。一般现代贫困是指一旦由于某种突发情况陷入贫穷生活的话，便会如同走下坡路一样，致使整个生活遭到破坏[③]。这对于没有亲人或是与亲人来往甚少的过着单身生活的老人来说，也是同样的道理。

这种所谓的“某种突发情况”，比方说，可能是突发性的受伤或得病。对于只能卧床静养的老人来说，没有家人支持的住院生活就是一种被送入急救车后的“贫困生活”。

战后高度经济成长期努力拼搏过的前辈老人们，由于家庭联系疏远，从而陷入家庭关系贫困。对于这种现象，我认为社会也应当负有一定的责任。

三、经济贫困与医疗费用

关于生活费

如前所述，根据《国民生活基础调查》（2008 年）可知，老人家庭（指仅由 65 岁以上老人构成、或另有 18 岁以下家人的家庭）70% 左右的收入来源于公共养老金，并且领取养老金的 60% 家庭，仅依靠公共养老金生活[④]。

据调查数据，家庭年收入的平均金额为 298.9 万日元，有人认为不会造成很严重的经济贫困。但是，此项调查覆盖了老年夫妇家庭及有养老金以外的其他工作收入、财产收入的家庭。相比而言，60% 领取养老金的家庭仅靠公共养老金生活，这个人群更应该得到全社会的关注。一个独自生活且存款不多、依靠养老金生活的老人，现实处境其实是很糟糕的。

据《高龄者白皮书》（2009年）显示，65岁以上的老人当中，对未来生活感觉“有富余”的人仅为8.5%，而感觉“艰苦”的人多达3倍以上，为26.4%。另外，白皮书中还提到，虽然社会保障的收入再分配在一定程度上缩小了收入差距，但普通家庭之间的差距加大，65岁以上无收入家庭的可支配资金为164312日元，而消费支出需206181日元，为赤字状态⑤。

如此一来，一个人独自依靠养老金生活的老人，国民养老金每月满额支付66000日元的话，那每个月有5万—17万日元要用于日常开销。如果自己有房子的话，还没有什么问题，但如果需要在东京支付高额房租的话，满足了衣食住后就没有什么剩余了。

关于医疗费

除此之外，如果还需缴纳医疗费的话，赤字会更为严重。入住急救医院一个月的医疗费（可使用健康保险的就诊费、检查费、手术费和药费等）中，超高龄者需承担10%，也就是44400日元。住院时的用餐疗养费（餐费），每餐是260日元，如果按1天3餐、1个月30天计算的话，加上医疗费，个人每月需负担67800日元。免除居民税的家庭负担稍好一些，医疗费为24600日元（一年的养老金收入在80万日元以下的，为15000日元），用餐疗养费每餐为210日元（收入在一定标准以下的70岁以上的人，为100日元），按1天3餐30天计算的话，加上医疗费，个人每月负担30900日元（收入在一定标准以下的70岁以上的人，为18000日元）。由此，即便是养老金年收入为80万日元，每月有66000日元可用于日常生活的人，最低也必须支付18000日元，这就是日本的医疗保险制度。很遗憾没有充分发挥安全网的功能。

此外，作为医疗保险以外的负担，还有差额床位费，有的病情还需支付治疗材料费。特别是在东京都内，大部分地方的差额床位费每天需花费15000—30000日元左右（如果是四人间等多床位房间的话，则不需缴纳差额费）。这样一来，需要住进医院进行长期疗养时，除上述的医疗费、餐费外，还有医疗保险范围以外的尿布费、被褥的租用费等，每月需15万—25万日元。工作收入及存款不多、依靠养老金生活的老人，入住急救医院后的QOL（生活质量）及长期疗养的场所无法得到保证，这就是我们当前要面对的现实情况。

四、住院生活及贫困

送入急救医院

患者被送进急救医院时，医生和护士首先通过患者或家属，了解患者受伤、发病之前的生活情况。医务人员了解患者的社会背景，对于明确发病原因进行诊断，制定治疗方案来说，是很有必要的。

如果一个没有家人和亲属陪同的独居老人被送进急救医院，因不知患者患病前的情况，帮助患者脱离危险往往会有许多问题。但是也有这样的情况：由于某些原因与家人或亲属关系疏远，但和房东、朋友等关系紧密，在日常的感情交往及解决生活问题过程中，获得了一些或大或小的援助。这个时候，家属以外的其他陪同人员会协助医院提供病人的信息。

但是，如前《高龄者白皮书》调查数据显示，60 岁以上、和附近邻居“交往频繁”的人仅为 43%，与 5 年前相比减少了 9%。“仅限于日常问候”的人多达 51.2%，这说明“邻里关系疏远”。因此可见，有很大一部分老人和家属、邻居、朋友的关系都很疏远。另外，在紧急手术需要选择治疗方案时，需获得患者或家人的同意，由于患者本人的病情或患有痴呆症，医生护士有时无法和患者进行很好的沟通。加之没有紧急联络人，没有人在医生的治疗方案及内容上签字。尤其是对年龄偏高的患者，需要用某种形式来补充代替家庭成员的功能。作为医院来说，希望通过社区机构的介入，早日解决这个问题。

代替家人

往往很多时候医院会要求患者的朋友等代替执行家人的功能，或劝导那些因为某些情况导致关系疏远的兄弟、子女等，看在“毕竟是亲人”的面子上，要求他们要关心爱护患者。在这种情况下，社工就要对一些问题进行深入了解：1. 患者希望谁替代执行家人的功能；2. 关系疏远的亲属希望怎样帮助患者；3. 朋友等非亲属的援助者希望怎样帮助患者等，在减轻患者援助者负担的同时，消除医院的困惑（需求），帮助共同解决问题[6]。

只有在极少数情况下，患者的朋友会听医生讲解病情（病情说明），确定治疗方针并在同意书上签字。但是，虽然出于好意一起陪同患者到了医院，但如果不能承担起等同于亲属的责任，那就很少有人愿意加入到治疗方案的讨论中来了。另外，即便保住了性命，开始住院生活，日常生活上也会出现很多问题。比如说财产管理，毛巾、换洗衣服、盥洗用具、尿布等日常用品的不足，没人帮忙洗衣服等。事务性手续方面的问题，会出现没有保证人在住院同意书上签字的情况。再者，住院费的缴费单即便交给患者本人，如果手头没有钱的话就必须去银行或邮局取款，由此造成拖欠医疗费的情况。

包括社工在内医疗机构的员工，只知道患者的“现在”是不够的。首先应当关注患者迄今为止的生活是怎样的；其次患者生活在怎样的关系网中。为此，房东、附近的朋友、原工作单位的同事等非亲属资源、决定今后公共援助方向的行政·高龄者福利科、保健所、社区支援中心总站、社会福利协议会（日常生活自立支援事业）、护理经理等，都应携起手来相互合作。一般来说，社区相关机构应各司其职，共同讨论援助方法，通过不断的努力和磨合作出适合本人的治疗方案。不管是哪种资源力量，负责“没有亲属的老人”，其社会风险极高，所以这种援助工作往往有一种不安感[7]。

五、贫困影响病情转换期的去处选择

无法回家

经过医疗法的几轮修订，医疗机构出现了分化。根据患者的病状、恢复过程及后遗症程度的不同，接受治疗或入住的医疗机构也就存在差异[8]。

根据相关社会制度，患者完成取药、手术等急性治疗后应该出院。根据病情决定入住急性病医院的住院时间，一般是两周到两个月。然而，急性期治疗结束后，特别是有很多老人由于年老带来的身体负担、或是由于环境变化引发的痴呆症，从而导致 ADL（日常生活活动能力）下降，无法立即恢复到住院前的生活。

如果是和家人一起居住的老人，家人可以帮助用餐、洗衣服、购物、排便、洗澡等，并帮助其管理财产，这样的老人可以考虑出院回自己家里。但如是独居老人，并和家人关系疏远的话，可以考虑利用护理保险服务。但是，护理保险制度是以家人护理为前提的辅助性服务，所以即便是利用家务援助、身体护理等访问护理服务，大部分时间还是老人一个人生活。仅凭公共服务对 ADL 显著低下的独居老人实施援助是非常困难的。除此之外，还有住宅环境的问题。旧住宅公寓里没有电梯，居室的大门、厕所和浴室也大多有高度差。

转院问题

由于以上原因，如果从医学上考虑如何改善 ADL 的话，可以考虑转院到康复医院。但遗憾的是，如果病情已稳定且日常生活中长期需要他人帮助的话，就要考虑转到长期疗养型医院、护理高龄者保健设施、收费老人院。具体方法是，向患者本人、家人、行政・候补监护人等征求对地方、费用、环境舒适性、康复训练、业余活动等的期望要求，社工打电话到可能满足其需求的医院和设施，沟通咨询是否可以转入或入住。

通常在电话咨询后，对于是否可以转院或入住，如果对方医生、护士及社工等能给予考虑的话，就将诊断报告书等信息寄出，等待最终的决定。但是，在咨询阶段，如果没有亲属担保人的话，大多会遭到对方住院咨询部门的社工、护士、事务人员的拒绝，其理由是“很抱歉，我院无法接收无亲属担保的患者”。有些地方“除亲属担保人外，还要求担保人以外的家庭连带担保人”。

援助本人的自治体员工（保健师、事务人员等）可以是紧急情况联络人，但公务员不能做担保人。法定监护人・任意监护人在进行监护时，虽然可以签订住院或入住养老院的合同、缴纳费用、听医生说明病情等，但不能做担保人。和急性病医院不同的是，在疗养型医院里，和患者接触的时间更长。住院或入住时间过长，作为接收患者的一方，很担心患者病情突变时如何选择治疗方法、恰当的护理方法、不能继续支付费用等问题，这些担心也是情有可原的。

然而，即便消除了“经济上的贫困”，由于“家庭关系疏远”，ADL低下的高龄者也无法获得一个可以安心生活、并可长期疗养的地方。面对这样的现实，包括行政、医疗机构、设施、国民在内的全体社会，都应该进行思考。

此外，在现实中，独居老人在急性医疗机构里的社会性住院天数延长，导致国民总医疗费增加，从而形成一种恶性循环。这也是我们不能忽视的问题。

六、家庭关系的疏远

亲人不在的情况

作为应对“家庭关系疏远”的措施，我想提出三点建议：1. 对于法定监护制度、任意监护制度进行再讨论；2. 对于措施制度效果的再讨论；3. 非亲属社会资源援助关系网构建的再讨论。其理由是如制定新的制度、构建新的关系网都需要花费经费和时间。此外，随着护理保险法、残障人自立援助法的发展，通过医疗和福利的相互配合，问题最终得到解决的例子越来越多。因此，我们应当考虑如何更好地利用现有的社会资源。

首先，监护申请的准备需花费时间和精力。了解本人的判断能力、日常生活及经济状况，准备诊断书及户籍复印本等也相当的繁琐。已住院的老人或老人家属进行这项工作时，需承担精神和经济上的负担（包括医生鉴定在内，需15万—20万日元）。办完手续后，司法代理人、律师等会代办准备资料文件，但费用将增多。从申请到家庭法庭做出审判需2—3个月，确定监护人、法定监护人开始生效，有时甚至需花费半年左右的时间。从法律上来说，正因为是保护老人财产和权利的制度，因此需花费较长时间，这也是可以理解的。但是，在国家政策的推动下，加快了医疗机构的职能分化，为了减少急性医院的社会性住院，保证医疗和司法的平稳协调，应当简化确定法定监护人的一系列手续，缩短时间。

其次，在护理保险法颁布后，家中及设施中服务都由自治体措施制变成了合约制。如本人不能签订合约，也没有亲属可代办签订合约时，虽然可以考虑自治体介入，但如果自治体的介入工作不积极的话，有时单身老人和所入住的医疗机构也会感到为难。当然近年来，越来越多的自治体能及时应对处理这种情况，但我们依然希望进一步完善今后的转院制度及行政职能。具体来说，包括亲属调查、在住院同意书等合约书上签字、法定监护的申请援助、转院时的陪护等。

然而，这些自治体的应对工作与预想的还是存在差异的。目前，在某些自治体，即便咨询社区援助中心总站的综合资讯窗口、自治体的老人福利科，有时会因为各种原因，比如“需护理程度1级以上的，不能接收”、“有护理经理的，不能涉及”、“回过自己家中的，可考虑”、“有亲人的，请来咨询”、“如果是法定监护，请咨询成年监护中心”等等，从而最终不能介入。使笔者对为何在中学校区内设置一个“高龄者的综合咨询和联络协调功能”机构心存疑惑。此外，不考虑一些个案，统统是委托家人亲属办理是日本传统中的恶习，日本人生活模式在发生变化，但制度却没有跟上时代的步伐。今后，我们应当重新审视公共责任，重新发扬措施制度的优点。

最后，通过社区相关机构形成关系网，共同援助单身老人，减轻彼此负担的同时，为了保护老人的权利，应当努力推进非亲属社会资源援助关系网的构建和发展。

亲属以外的援助

如前所述，老人被送进急救医院时，大多有房东或朋友陪同。此外，社区援助中心总站介入时，作为“处境困难的例子”，将会通报并咨询自治体。相关各机构对社区援助体制进行讨论后，所有相关人员集中开会。统一和明确对各机构相关案例的看法、想法及目标。

房东、民生委员、原公司同事大多是出于热心来关心患者。可以说，没有必须关心的义务。因此，相关行业人员应当感谢近邻的“热情之手”，考虑今后如何关爱患者，行政·医疗机构·福利机关应当形成怎样的援助体系，怎样才能保证近邻没有顾虑地继续提供帮助等。

自治体为了保护单身老人患者的财产、生活场所，并不是立即就可以行使法律手段。如对成年监护制度的申请，需要对“是否真的没有申请的家人?”等进行调查。实际情况是，即便痴呆患者眼前没有亲属，也不能立即完成区长申请。有时，我们也需要站在从业于这些部门的保健师、办公事务员、个案工作者的立场上考虑一下。

需要具备怎样的条件才能顺利地完成区长申请？从这个视点出发，进行相关评估和介入工作是很重要的。为了具备各种条件，对相隔几十年后由于住院事件再次相逢的亲属之间的关系进行评估、不责怪亲属，让他们作为协助者参与到行政工作中等都是极其重要的。

为了保障单身老人安心生活的权利、减轻协助者的负担，首先应该做的是，各机构对各案例的“做法”[9]、“重要的地方”进行说明，对各机构之间怎样相互协助，怎样构成援助体系进行评估，设定目标，合理分工。

七、家人和朋友的关系

从日常实践可以发现，假如被问到“如何应对患者与亲属之间的生活问题”时，通常的回答是“从年轻时开始存款、加入民间保险、在大企业工作至退休后靠退休金生活、父母需要护理的话，由同住的孩子或配偶负责护理”等。另外，经常会听到有老人的家庭说“麻烦福利院令人惭愧”、“没法在家护理而只能入住福利院的话，是家人在逃避责任”。

以我的经验来看，这些声音正是日本式福利国家的一种价值观的体现。这种价值观，认为履行终身雇佣的企业福利义务和家庭共同连带关系义务是理所当然的。另外，如果不能获得企业福利和家庭援助的话，作为剩余主义模型的典型，就转为接受社会福利服务。欧美研究者指出，相对于自身经济发展程度来说，日本的社会支出明显偏低，安全网制度尚不完善。1990 年日本社会支出仅占日本 GDP 的 12%，据了解，这个数字只相当于20世纪60年代OECD各国的平均水平[⑩]。

这种日本式福利国家，基本上是依靠本人、家属和企业福利的努力勉强维持。与此同时，无家属、无归属企业、社会生活方面需要援助的国民很难对政策提出建议，而附近邻居和我们这些社工也无法表达意见。与欧洲国家不同，对于社会连带感意识不强的国民来说，这些也许是比较难实现的吧。

从如今的社会形势来看，今后很难继续维持企业的终身雇佣制及相关的企业福利。此外，家庭作为传统福利、护理机能的肩负者，能力和积极性持续下降。从现职人员这种现状来看，日本式福利国家的崩溃在所难免。同时，收益甚少的私营业主、临时工、女性等从未享受过国家提供的个人福利，有必要对这些国民提供生活援助。期望今后能改造日本式福利社会，我们要看到单身老人自身的能力和力量，力求摆脱因无亲属作保证人所带来的不便，谋求社会正义是社会福利工作者的宗旨，希望社会正义和人权能在这些人身上有所体现。

然而，在解决现状和问题的过程中，不是单纯凭借引进北欧、欧洲国家的福利政策就可以解决的。由于存在宗教、文化差异，也有人指出，如今的日本式福利模式是社会民主主义模式、保守主义和自由主义政权的混合体。

社工应当以再次提议符合日本实际情况的福利国家模式为最终目标，从日常的案例着手满足他人的需求。对于在保障收入、家庭援助中出现的家庭关系疏远问题，应当反省由于客户赋权制度及政策缺乏而导致援助不足的问题。首先建立社会援助单身老人医疗和长期疗养生活的体制，构筑安全网，进行需求调查等是当务之急。如果我们做了这些工作，老人的“贫困”问题可以引起全社会的重视，从而找到解决问题的政策方向。

引用文献资料

① 奥山正司《单身老人的增加和老人的社会经济生活》《Dia News No59》2009年，第3页。

② 奥山正司，同上，第4—5页。

③ 比奈朋子《什么是现代贫困》《医疗社工》57号，社团法人东

京都医疗社会事业协会，2009 年，第 5 页。

④ 厚生劳动省《为稳定老人生活和就业情况的援助》《厚生劳动省》2009 年，第 38 页。

⑤ 厚生劳动省 编《老人风采及环境现状和动向》《高龄者白皮书》2009 年，第 20—23 页。

⑥ 锌丸俊一《对社区型、急性期、小型医院社工的思考》《医疗社工》54 号，社团法人东京都医疗社会事业协会，2004 年，第 10—20 页。

⑦ 锌丸俊一《什么是痴呆症老人的社区援助——从 MSW 立场出发，思考医疗、福利机关的合作》《医疗社工》56 号，社团法人东京都医疗社会事业协会，2008 年，第 4—6 页。

⑧ 田中千枝子《对社区做贡献的社工》《医疗社会福利研究》16 卷，日本医疗社会福利学会，2008 年，第 71 页。

⑨ 菱川爱《社工援助及解决方案预测途径的应用》《医疗社工》53 号，社团法人东京都医疗社会事业协会，萌文社，2004 年，第 10 页。

⑩ G. 埃斯平·安德森著，冈沢宪芙、宫本太郎译《福利主义的三个世界》密涅瓦书房，2007 年，第 1 页。

锌丸俊一

第五章　无经营牌照的收费老人院

一、什么是无经营牌照的收费老人院

惨痛的火灾

2009 年 3 月，在群马县涩川市的无经营牌照收费老人院“静养老人院玉郷（以下简称为玉郷）”发生了火灾，造成 10 人死亡。此次事件不是“单纯的火灾事故”，折射出了许多其他问题。

本来“无经营牌照收费老人院”里就存在着诸多问题。迄今为止通过客户家属及员工的内部揭发，暴露了对入住老人实施虐待以及违章建筑等情况。几年前，在千叶县一个叫做“布鲁 - 俞海馆”（已闭馆）的无经营牌照收费老人院里，工作人员用类似手铐的东西捆绑住入住老人，用网围着床，让他们在里面生活。一段近似虐待的录像在电视里曝光，在社会上引起了极大的反响。虐待行为遭到整个社会的谴责，而行政机关竟然全然不知道这种问题老人院的存在。

什么是无经营牌照收费老人院

根据老人福利法第 29 条的规定，只有向当地都道府县知事提出申请，且被受理了之后，才能注册“收费老人院”。

未进行申报而直接营业的，就是所谓的“无经营牌照收费老人院”。因为没有进行申报，所以行政机关无法进行例行检查，很多地方的实际情况被掩盖。当然，由于不能注册“收费老人院”，便以“护理型老人住宅”、“兼营老人护理公寓”等名称为幌子，致使大多数老人不知道自己所入住的老人院在制度上是属于什么性质的。

一个人也是收费老人院

2008年9月，总务省公布无经营牌照收费老人院的数量是353家，并且十分重视无经营牌照收费老人院的问题，在“准确掌握收费老人院、对收费老人院创办者提供申报指导、要求收费老人院实施有计划的指导监督”等方面，对厚生劳动省提出了诸多建议。

事实上，2005年老人福利法修订后，通过保护消费者、防止更多无经营牌照收费老人院的出现，收费老人院的定义被扩大化了，规章制度得到了强化。

在修订前，有不少企业面临和特护同等程度的困难。因为收纳了10个以上老人并提供食宿，本应进行申报，却又不愿意受行政机关指导和制度的束缚，所以变成仅周日提供饭盒，委托外部机构护理，将入住人员限定在9人以下，这样一来就不在收费老人院的定义范围之内了，以此逃脱制度的管理。

修订法律后，“饮食”、“护理”、“洗衣服和打扫等家务事”、“健康管理”等，不管提供哪种服务都成为申报条件。另外加上“委托提供服务”在内，事实上所有的民间企业都应当进行申报。

换句话说，即便仅接收一个老人，只要收取费用，该企业就应当向都道府县申报。另外，还包括信息公开和预付款（入住补助费）的保障措施、调查权的参与等。

其结果就是，至今为止大部分非法运营设施，被列入了“住宅型收费老人院”的范畴。但诸如老人福利设施、痴呆症老人团体之家、满足一定条件的老人专用租赁住宅等是收费老人院定义范围外的设施。

二、为什么非法经营

非法老人院的屏障

假设“玉乡”是进行过申报的收费老人院，那需要有哪些设备呢？具体来说，包括“实施防火对策”、“定期进行防火演习”等。

据消防厅的调查数据，很多无经营牌照收费老人院都违反建筑标准法和消防法。“如果有能力申报的话，还是想申报”是大多数企业家的心声，并不是每个人都喜欢做违法的事情，但这些企业往往会因预算不足而裹足不前。

另外，这些无经营牌照收费老人院如果作为正规收费老人院进行申报的话，就必须改正不合法的地方。但是，经营者中的大多数只是零散的小型企业家，没有余力做更多的设备投资。比如说，防火栓的配置、防火构造、避难通道、防灾对策等，负担金额高达数千万。

收费便宜

除极少一部分外，“低收费”是大多无经营牌照收费老人院最大的卖点。基本上都是改建民居、单身宿舍、商务酒店、企业的保养设施等现有建筑后再次使用，控制设备投资的成本。其中也有完全不进行改造就直接使用的情况。

无经营牌照收费老人院的收益主要来自租金和护理保险收入。由于餐费极低，基本没有收益，食物的营养管理也有很多问题。早餐仅面包，午饭是一盘咖喱或者面食，晚餐一盘小菜加上米饭、酱汤、咸菜等类似的食品，和普通食堂一样，餐桌上摆放着酱油和调味汁。

租金 5 万—7 万日元的地方居多，加上餐费和管理费在内为 10 万日元左右。享受生活保护福利的老人不仅可以免除医疗费和护理保险的个人承担部分，还可以享受注册住民票的自治体独自的服务。所以对于老人院来说，这些人是最佳的客户。另外，如果客户需护理人员，在附近开展系统的护理业务，让他们享受护理服务的话，护理费可成为一笔收入。

此外，因为企业是租用他人房屋，所以大多数情况下，无法要求房屋所有者对房屋进行改造修建。即使房屋所有者同意改造，企业为了回收施工费用，就不得不提高租金。这个负担最终还是落在了入住老人的身上。

即便是企业自己的房子，如果进行修复工程的话，施工期间就必须保证有可接收入住者的地方。因为要花费诸如此类的追加费用，所以即便被要求“申报”，对于企业来说，是很令人头疼的事情。

事实上，无经营牌照收费老人院的经营者中，有许多已经一而再再而三的被要求履行申报手续，但这些经营者一拖再拖，迟迟不去办理申报手续。

1.43 万人生活在无经营牌照设施里

2009 年 4 月，厚生劳动省公布的数据表明，全日本 43 个都道府县中，入住无经营牌照收费老人院的享受生活保护福利的老人有 14268 人。其中有 617 人在甲地领取福利费，而入住的却是乙地的都道府县的设施。也就是说在东京都墨田区申请福利领取补贴，却入住群马县涩川市的无经营牌照收费老人院的例子，也不在少数。

事实上，依靠非法老人院的自治体还有很多。我曾经听某区的社工说过，“能够接收这种条件的人的老人院，别无他处……”

媒体曾曝光批评了推荐介绍“玉乡”的自治体，但并没有进行更加深入的报道。一般来讲市政府推荐的地方市民还是很放心的。然而作为推荐方的市政府却对设施等没有进行事前更加详细深入的了解就不负责任地推荐本身就是有问题的。市政府并不是把“玉乡”这样的地方作为第一推介的地方，相反往往是把它作为最后的挡箭牌推荐给需要者的。

另外，以接收享受生活保护福利的老人为卖点的收费老人院也出现了，这些老人院也得到自治体的推荐。虽位于郊外，但这些设施可接受那些享受生活保护福利的老人，对于自治体来说却有不得已而为之的苦衷。

欢迎有生活保障的老人

地方的无经营牌照收费老人院中，大多欢迎有生活保障的老人。例如，有的地方划定入住者的20%应该是享受生活保障福利的老人。询问地方无经营牌照收费老人院时，却反过来被问到同样的问题：“福利费用是由您那边的自治体承担吗？”

在接收享受生活保障福利的老人时，一定要确认对方自治体是否承担福利费用。有些老人院往往会有这样的托词：“现在我们养老院已经被政府关注很久了，如果再接收更多享受生活保障福利的老人的话，恐怕要引起注意了”。

享受生活保障福利的老人转到别的自治体时，需要在目前的自治体和即将转入的自治体之间，办理移交手续。原则上是，由即将转入的新自治体负责支付福利费用。

然而，市中心自治体基本上都依旧支付补助。其原因是，预转入的自治体因为财政问题，大多倾向于拒绝移交。另外作为转移的原因，“因为现在的自治体内没有享受生活保护福利的老人可以居住的住宅或设施，所以想转移”，这种说法也很难成为理由。不管怎样，关于享受生活保护福利的老人的转入或转出，每个社区都有各自不同的规律和做法。对于自治体来说，这也是一个很困扰的问题。

有不少人建议，各自治体之间暂不考虑老人和养老院入住问题，“只要把如今由国家承担整个费用的四分之三，自治体承担余下的四分之一的福利费用构架，改变成百分之百由国家承担的构架，便可自由转入或转出了”。

三、无经营牌照养老的作用

无处投奔的老人

曾听说这样一件事，一个40多岁的男性和70多岁需护理的母亲都住在无经营牌照收费老人院里。40多岁的男性由于脑出血导致半身不遂，一直没有工作，平日闭门不出，生活费全部来自母亲的养老金。

母亲需要他人照顾，儿子又过着轮椅生活，所以两人在家生活非常困难，于是试着寻找社区内的社会资源，但没有找到两人可选择的地方，只能考虑收费老人院。但由于两人都有亲属，而又无人愿意援助他们。最后，两个人只能住进地方的住宅型收费老人院（原来的无经营牌照收费老人院）。

母亲有2000万存款，所以能用其中一部分支付入住费用。另外，母亲每个月有22万日元养老金，不足部分可用存款贴补。这样算下来，可以在住宅型收费老人院生活10年。如母亲去世，儿子可以申请福利。两人同住2人间，可减少房租租金和管理费。

被无经营牌照收费老人院抛弃的老人

然而，即便是在这样的无经营牌照收费老人院，也有被抛弃的老人。主要是享受生活保障福利的老人以外的底层收入老人。比如说，每个月的养老金不足10万日元，由于存款所剩无几而成为福利对象以外的人。

并且，即使有一定的养老金收入，但如果没有担保人或赞助人，又需要接受医院治疗时，入住的愿望基本会遭到拒绝。因没有担保人或赞助人的话，死后骨灰盒无人认领。另外，需要做手术时也无法得到家人同意，所以会谢绝入住。即便有监护人，很难筹措对监护人的报酬，这种情况也不予考虑。

此外，对需要采取医疗措施、痴呆症严重的老人，无经营牌照收费老人院无法保证足够多的护士和护理人员，所以会拒绝他们入住。事实上，我从无经营牌照收费老人院相关人员那听说过这样的事故，老人从没有上锁的出入口走出去后迷路了，遭遇了事故，事后才发现遗体。

四、贫困经济和善意的分界线

出于善意的养老院

无经营牌照收费老人院中，有的并不是以赢利为目的，而是出于善意。改造自己的房屋，成立类似团体之家那样的小型老人院，提供护理保险中的上门护理服务、看护病人等。

“需要护理、独居、没有亲人、房间里堆满垃圾……”，为了这些处境糟糕的老人，有些不动产公司便在郊区购买空置的单身宿舍，开始经营老人院。

然而，开始经营后，由于需要大量劳力，在责任的重压下，不知不觉间，不少老人院的护理服务及经营状况变得不尽如人意。业主对“护理”的志向，一旦变成经营者的立场后，就会面临财务方面问题，最终变成有问题的养老院。

但是，也有以各种情况为由而最终未申报的养老院，比如说“不知道要申报”、“为了申报，看大量的手续资料，就已经够头疼的了”、“平日几乎都在工作现场，没有时间办手续”等。虽然没有恶意，但大多数经营者遵守制度的意识淡薄，这也许是这个行业特殊的地方吧。

贫困经济（商业化）

有的设施明确说明是以赢利为目的，接收需要护理的贫困老人。这样的无经营牌照收费老人院，当然属于赚钱主义。为了尽可能地让更多人入住，房间是用单板隔开的2—3个榻榻米大小的单间或大房间，饭菜很难吃，工作人员极少，削减水电费等，居住环境相当恶劣。当然，设施没有进行过改建装修，也没有楼梯扶手、电梯、洗澡的相关辅助器材。白天所有老人全都聚集在大房间里，仅由几个工作人员看守。

这些经营者以有收益保障的享受生活保护福利的老人为目标进行经营，但设施简陋“只是能避避风雨”。例如，每个月的福利费用大约是13万日元，养老院收取其中的11万日元，余下2万作为尿布费和其他杂费。设施每个月可以有11万日元的现金收入，除此之外还有系统业务的护理保险收入，虽然数目不大，但着实可以创造收益。由于收益稳定，接收享受生活保护福利的老人越多，赚的钱就越多。

五、政策导致的无经营牌照收费养老院

无法入住特别护理型老人院（特护）

我在与老人及其家属的交谈中，曾听到过这样气愤的声音：“虽然听说入住特护很难，但真没想到是这么难”、“国家

到底在做些什么!”。

此外，在排队等待入住特护期间，很多人都想暂时先住进便宜收费的老人院。然而很多时候都是以“申请特护，如同买彩票一样”这样的心情委托我们帮忙申请特护。

咨询者中，有人说：“这样下去，如果在现在的收费老人院住5年的话，存款就会基本用完，无法指望特护。如果还要活10多年的话，希望把入住时一笔交清的费用返还款（一笔交清的这笔钱在出院时有一笔返还费用）作为头金，找一个靠年金就可生活的收费老人院，不管位置和服务如何。”也有一些人不得不入住无经营牌照收费老人院。

仅仅是加强管制远远不够……

在上述的“玉鄉”发生火灾后，国家和各自治体加强了对无经营牌照收费老人院的调查。

2009年10月，厚生劳动省公布了这样一组数据，全国无经营牌照收费老人院的数量多达389家。之后，在各自治体的指导下，虽然有部分转变成住宅型收费老人院设施，但直至4月底仍有446家，之后又查到163家无经营牌照收费老人院。

为什么还有如此多的无牌照收费老人院呢？主要是因为特护的标准偏高，如不是需护理程度4级或5级以上的话，很难成为评审对象。并且，享受生活保护福利的老人可以优先入住，所以很难保证其他老人的公平入住。老人保健设施的利用天数也有限制，疗养床位数由于刚刚实施了床位冻结，因此床位数明显不足。另外，如果在家生活，那些需要医疗护理和身体护理的老人，在没有家人援助的情况下，无法仅依靠护理保险生活下去。这都是现实情况。

被夹在社会保险制度缝隙中的低收入老人，因为没有地方可去，从而选择费用较低的无经营牌照收费老人院。可以说这是整个社会形势所造成的必然结果。

因此对于无经营牌照收费老人院的强化管理，如果不改变现有体制的话，就会导致出现更多的护理难民，使问题更为严重。

今后，自治体在加强对无经营牌照收费老人院的管理的同时，应当尽快对享受生活保护福利的老人和低收入老人可利用的特护等设施进行整顿，使其更加完备。

以领取厚生养老金的老人为服务对象

最近，越来越多的收费老人院不需要入住时一次性支付费用，而是改成按月支付的方式。这是由于经济不景气、在卡姆森问题①的影响下，许多老人开始对一次性缴纳入住费方可入住变得犹豫不决。没有选择设施的时间，现在又不能马上决定时，“暂且先住进不需缴纳入住金的养老院，之后再做打算”，或者是“在等到公共老人院之前，先住这里吧”，持这类想法而利用收费老人院的大有人在。

另外，在收费老人院行业，（我将这种制度称作“90天规定”）即便已经支付了入住金，但如果从合同签订之日起90天内解除合同，必须全额返还入住金（仅承担在此期间发生的费用）等制度对避免费用纠纷，保护消费者起到了积极的作用。

但是这类收费老人院的价格竞争，是以领取互助养老金和厚生养老金的老人为服务对象的，领取国民养老金的老人不是这类养老院的服务对象。

六、谁来为低收入群体买单

完善高龄者住宅

迄今为止，自治体就像抓救命稻草一般，把享受生活保护福利的老人统统推到了“无经营牌照收费老人院”，这是无法否认的事实。由此我们应该首先从保障和完善老年人住房做起。

如自治体可租赁民间公寓廉价提供给需要的老人们等，还

---

① 译者注：COMSN株式会社1988年以健康为主要经营理念起家，创始人夏木宪一，后逐步涉足老人护理业。2006年底媒体曝光其在申请护理费中有谎报等有问题，2007年受到东京都及厚生劳动省停止整顿的处分。之后公司把护理业全部转让。

是有许多解决方法的。事实上，平成16年以后，作为援助流浪者回归社会活动的一环，NPO法人“日本地主协会”在东京都的委托下，开始了民间住宅的租赁业务。协会以每间5万日元左右的价格，从出租房屋的房主手中租下房子，再以每月3000日元的价格租给流浪者。租期是2—3年，由东京都承担在此期间的房租差额，从而提供一个可以安心生活的住所。

如是轻度的需护理型老人，想想办法的话，即便是一个人生活，也是可以通过享受护理保险服务维持生活的。从这个意义上来说，有必要将保障老人住宅作为老人对策的最基本要素加以考虑。

然而，在房屋价格偏高的城市，寻找住所本身就很难。若是老人的话，更是难上加难了。虽然享受生活保护福利的老人可以免除护理保险费的个人承担部分以及医疗费用，但如不是享受生活保护福利的老人的话，生活会极为困难。

因此就需要完善公营住宅，在家生活的前提是要有住房。民间的老人住宅的对象基本上是领取厚生养老金的人。的确，东京都已经开始考虑面向低收入老人的住宅，但依旧有不少老人面临住宅问题。患有慢性疾病的老人由于需要经常去大学医院检查，所以非常希望住在市中心，而且低收入人群也希望去医院检查时的出租车费能尽可能地便宜一些。紧急的住宅政策刻不容缓。

以消除无经营牌照收费老人院为目标的“东京模式”

东京都计划在平成26年（2015年）之前让“便宜旅馆”、“无经营牌照收费老人院”成为历史，使“东京模式”成为理想的老人住宅。

目前，就老人住宅、养老院等的国家制度，没有考虑高地价大城市的实际情况。和全国相比，东京都的单身老人高于其他城市，所以，有必要重新设定低收入者利用设施的标准。

修建完善能够满足“住宅价格合理”、“具备紧急应对和安全等的功能”、“必要时可利用护理服务”三个条件的住宅，扩大中轻度需护理人员的选择范围，以此减少等待入住特护的人群。

作为具体措施，以领取厚生养老金的人为对象的“带护理住宅（租赁住宅）”有6000户（可容纳7000人）。以低收入者（享受生活保护福利的老人）为对象的“东京都型护理住宅”人均面积和团体之家差不多，职员的配备标准和护理住宅相同，利用者的个人承担金额控制在12万日元左右，估计可有240家（可容纳2400人）。为此，必须充分利用东京都用地、学校合并后的空置校舍等，有效合理地使用好现有资金。

完善特别护理型老人院

然而，不管经济状况如何，老人一旦病倒长卧不起，在老人住宅或家里的生活就离不开家人的援助。特别是低收入老人大多一个人生活，他们的精神和身体状况使他们只能选择入住养老院。

现在的特别护理型老人院更多的是高收费的单人间，从费用方面来说，低收入老人实在很难承担。所以，如果不同时增加传统型4人房间的话，低收入重度需护理老人的生活将失去保障。

如果增加特护老人院困难的话，那通过扩充居家护理服务，提高服务水平，让单身重度需护理老人在家也能很好地生活，某种程度上能减少一些特护的需求。这样的话居家护理服务就要达到24小时体制的标准。

总之，在低收入老人逐渐被排除在社会保障制度安全网之外的情况下，无经营牌照收费老人院成为接受他们的最后地方。

笹川泰宏

第六章　从护士角度看流浪街头的“晚年生活”——如今的山谷地区

一、山谷地区的过去和现在

山谷地区简介

山谷地区曾为山脚，故而得名于“山谷”或“三谷”，又因仅有三户人家居住于此，还被称为“三屋”（山谷）。在江户时代，山谷是日光道、奥州道到江户的入口，街道两侧有许多小旅店，是众多行脚商与江湖艺人的栖身之地，热闹非凡。附近有处决犯人的小塚原刑场（现荒川区南千住），还有曾经以花街柳巷闻名的吉原（现台东区千东）。

第二次世界大战后，因遭受火灾无家可归的受害者多数聚集在上野周边。东京都是当时受害者的居住之地，同时在现在的山谷地区搭建了可用来临时住宿的帐篷，对受害者进行救济支援。不久帐篷变成了木质简易住所，许多人从这里出去打短工，山谷也成为了许多人的暂居之处。

现今仍然把台东区与荒川区两区称为“山谷”，但在地图中没有标记。山谷一直以来被负面形象所困扰，被认为是一个产生歧视的名字，故而根据 1966 年的住所标记改定，取消了该地名。浅草的繁华街以北 2 公里处，以明治道路的泪桥十字路口为中心有 164 所（至 2009 年 3 月）简易住所。简易住所又称为“户屋”（该读音为日语“住处”的倒读），其中大多数旅店的一个房间仅为 2—3 个榻榻米，还有很多旅店为双层床构造。整日以打短工为生的劳动者多数在此生活。

千叶彻弥的著名连环画《明日的丈》其大背景就设定在山谷。主人公矢吹丈居住在山谷的简易住所一条街上，剧中场景设定他在泪桥十字路口附近的丹下拳击俱乐部练习。作者千叶彻弥对山谷饱含了无尽的复杂感情。

日本三大短工聚集处与无家可归现象的出现

东京的“山谷”、大阪的“釜崎”与横滨的“寿”是日本三大短工聚集处，在这些地方聚集着众多以打日工、短工谋生的劳动者。短工聚集处的劳动者们从事修建马路、桥梁与高楼大厦的相关工作，支撑着日本经济的高速发展。然而，1991 年泡沫经济破灭后，建筑行业工作急剧减少，短工聚集处的众多劳动者因失业而生活日益困窘，不得不靠流浪街头潦倒地生活。

1992 年，新宿地铁站地下街出现了纸板屋，从那时起在山谷地区又见到了无家可归者的身影。东京都 23 个区的无家可归者在 1999 年多达 5800 人，5 年间一直保持着这个数量。东京都针对无家可归者出台了许多政策，但无家可归者的数量从未减少。自 2004 年实施“地区生活转移支援事业”之后，东京市内的无家可归者在 2007 年度减少至 2300 人。

“地区生活转移支援事业”是指在公园和河边生活的无家可归者“由住帐篷改为住公寓”的一项计划。政府向民间征借公寓，以 3000 日元的价格将公寓租给无家可归者使用，也包括日常生活咨询等内容的一些政策。

据 2009 年调查显示，东京都 23 个区的无家可归者为 2341 名，与顶峰时期相比减少了一半左右。但仍有 2000 名以上的人在东京的某个街头过着流浪生活，其中的三分之一在山谷周边，并且山谷的无家可归者大多为高龄老人。曾经以劳动者的街道、短工聚集所而热闹的山谷，如今住着许多无家可归者，成为一个贫困地区，也成为当今日本集“单身、贫困、高龄化”多重问题于一体的地区。

二、山谷地区与访问护理站的开设

高龄化日益加深的山谷地区

在山谷地区住简易住所的住宿者有 4682 人（2009 年 3 月），入院患者、入住看护机构者有 1725 人，再加上浅草、墨田川河川边的话，山谷周边无家可归者共计 695 人。（2009 年 4 月）。（图 6－1）

入院患者、入住看护机构者
1725人

简易住所住宿者
4682人

周边公寓居住者
不明

山谷与周边地区无家可归者
695人（详情　隅田川流域　324人）
洁川、日本提　147人
南千住、三翰　24人
浅草周边　200人

参考城北劳动、福址中心事业概要作成

图 6－1　山谷劳动者的状况（2009 年）

劳动者高龄化日益加深，简易住所的居住者平均年龄在 60 岁以上。在山谷居住的人因为各种缘由与亲人断绝联系，单身生活的居多。虽然人们对山谷人的态度是敬而远之，但在这生活的山谷人大都开朗、施乐于人，我们社会应施与援手，奉献爱心帮助他们。

山谷中心地段有财团法人城北劳动福祉中心。2005 年，为了支援日益走向高龄化的山谷，东京都城北福祉中心与财团法人山谷劳动中心联合成立了福祉劳动一体化体制。

城北劳动福祉中心主要为流落街头的人们提供住宿救援、餐饮救援与物品救援等。住宿救援提供每月 7 天（为什么住宿救援设定为每月 7 日呢？是为了控制预算还是什么别的原因不得而知）的住宿券、交通费及餐饮补助等。餐饮补助主要有面包、牛奶、饼干，物品救援主要是衣物类。

另一方面，山谷有大约 20 家的民间支援团体，多数为基督教相关团体，各个团体发挥各自的优势给予力所能及的支援和帮助。有时支援团体人员团结一致共同来帮助那些有困难的人。

开设护理站

1999 年，笔者初次造访山谷，被其“贫穷”所震惊。笔者参加了志愿者团体活动和他们一起捏饭团。每周日下午在玉姬公园里会分发饭团。这个公园流浪者很多，每次都能排起 200 人以上的队伍。这些流落街头的人们每天靠着分发赈济灾民的饭团来充饥。

有些流浪者在酷寒的冬日丢掉了性命。一个流浪者说道：“一旦死了就什么也没有了。像件东西一样被运走，我们这样的人和物件没什么两样。”在公园死去的人用蓝色单子裹起来，放入带斗篷的卡车运走。这幅光景使笔者感受到经济发达强盛的日本的另一面，是触动心灵的事件。

通过与这些人的接触，笔者萌生了“一定要利用好护士资源，在山谷地区进行力所能及的支援。”这样的想法希望将来“改进和加强山谷地区医疗、福祉”。于是，2000 年 6 月笔者成立了 NPO 法人护理站。

成立护理站初期，只有护士 3 人和普通职员 1 人。在山谷这样一个毫无医疗设施的地方开展事业，我们没有任何基础，只有一个美好的设想，就是把山谷带向“医疗、福祉完善的城市”，在我们做这项工作中得到许多支援团体的大力协作。

三、流落街头生活

护理站在山谷设立了事务所。一到夜间，事务所周边的街道上，众多无家可归者把自己蜷缩在纸箱里睡觉，多的时候大约有 150 人左右。后来虽然数量有所减少，但仍有约 70—80

人每天在事务所周边的马路上度日。

有些山谷居民讲："每月我在这里清点马路睡觉的人数时，会有一种发自内心的愿望，希望流落街头现象早日根除。"每当我询问在事务所周边的流浪汉或者曾经在这里生活过的流浪汉时，不仅感受到了残酷难挨的流浪生活，也感受到了这些人对生活的坚强态度。

笔者在护理站工作之余，在上述的城北劳动福祉中心的地下娱乐活动室里采访了以下几人。

月生活费为12000日元的事例（事例1）

小山刚（77岁，化名）一边笑着一边用和缓的口气答到："我身子骨还很好！"从北海道来到东京已经50年了。小山兄弟姐妹4个，他排行老二，但与兄弟姐妹已经很长时间没有联系过了。他说道："现在过着这样的生活，更无法联系了。"

小山原来从事以土木工程为主的建筑业，也做过高空作业，他带着些许自豪说道："我还从事过事务性的工作呢"，工作到65岁，一直在山谷周边的简易住所及公寓里生活。

"在山谷过着流浪生活前，我住在虽小（4个半榻榻米大小）但也是公寓的房子里。上了年纪后，没了工作，储蓄也见了底，3万元的公寓租金已经无法支付，无奈之下拖欠了三四个月的房租。房东一直催缴租金，没办法最后把行李丢在公寓逃了出来。12万元的租金虽然欠账难还，但是17年一直住那个公寓，也可以消账了吧，不过总归是欠账不还。刚好流浪的地方和原来的公寓相隔很近，所以在这附近混也有些抬不起头来。流浪生活到现在已经有4年了。"他非常怀念自己踏实工作，过着简单素朴的以往生活。

"夜间就睡在纸箱里，寒冷的时候会穿很多衣服，所以也能扛过去。早上5点起床，在周围晃荡。一直到8点半中心（城北劳动福祉地下娱乐室）开门。中心有很多人，所以一点也不寂寞。现在一个月从事两次老年人的工作（一天挣6300日元，东京都分配的打扫卫生等工作），每月生活费维持在12000日元左右。虽说有钱的日子更好过，但是每月12000日元也能生活下去。有时中心也给发面包，或排队打赈济饭，基本上是不会饿肚子的。但12000日元就不能喝酒了，年轻时还多少喝点，现在没这个钱了。也不会抽烟，身体很好一般也不去医院，等万一哪天倒下的时候再说吧。现在也想不了那么多”。

每月12000日元的生活费全部花在了吃饭上。当笔者问他12000日元的生活难道不苦吗？难道不需要起码的生活保障了吗？

他这样答道：“以前从公寓搬出来的时候，想获得些生活补助，于是去了社会福利事务所（生活补助科），结果碰了一鼻子灰，那里的人和我说：“已经这么大年纪了，去养老院吧！”我才不要去什么养老院呢！于是，就放弃了获得生活补助的念头。要说流落街头生活的艰辛事情，目前还没什么特别的，但是遇上下雨的日子会比较辛苦些。没有了可以到处晃荡的地方，也不能出去，会觉得比较冷，住的纸箱子也会浸湿。打救灾饭的时候，还得一边排队一边举着伞，下雨是最讨厌的事情了。”

听了他的这一席话笔者意识到这个老人在没有了工作、储蓄，不得不搬出公寓的时候，如果能够得到生活救助的话，他就不会流落街头。

贫也东京富也东京（事例2）

池田澄夫（74岁，化名）从岩手县中学毕业后来到东京。“周围的人都在说，‘贫也东京富也东京，东京是个好地方。天皇陛下不也住在那里嘛’就是因为自己没有出人头地，所以才落得这般田地”，“东京是个可怕的地方，生活艰难啊”。他一边说着，一边回忆起自己年轻时赌钱、喝酒的日子。

“我现在能够自理，即便没有房子我也不去申请福利补助，做点老年人的活儿，靠收集空易拉罐一个人生活挺好。收集空易拉罐每月能有5000日元的收入。有钱的话就想吃好的，虽然我也不知道什么东西好吃。”池田对自己这么大岁数还靠收集空易拉罐维持生计颇有自豪感。

“来到中心后，大家都在这里，可以使用煤气，也能吃到拉面，不会感到寂寞。虽然周日、连休时中心关门，没有了能待的地方，会感觉不知如何是好。还有下雨的日子最艰辛了。但是在我倒下之前也拿不上福利，所以还得接着努力。”

“我知道许多发放救灾食物的地方啊！”，接下来和我说了很多关于一周发放救灾食物的地方及食物品种，还有发放团体等。他已经70多岁了，体力不比从前，很容易就能想象到他流落街头生活的艰辛了。但从他们这些无家可归者身上，笔者深深地感受到他们之间的那种同为天涯沦落人的乐观精神。

半夜遭水浇（事例3）

山田俊夫（68岁，化名）在笔者事务所前流浪已经有4年，居无定所的生活已有6年。他经常给我们员工自行车打气，下班时会和我们打招呼说：“辛苦了。”

山田先生以前和妻子、儿子三人一起生活。在山谷附近做干洗店工作，供养着妻儿的生活。因屡次大量饮酒，生活糜乱导致和妻子离婚，和儿子也分开生活了。干洗店生意不景气，最后倒闭，之后在山谷附近的吉原特殊洗浴街和旅馆街从事分发毛巾的工作。经常上上下下走台阶担毛巾，是一个体力活，已经60多岁的山田由于腰腿已经不很灵活了，只好辞掉工作。

生活日益拮据，开始拖欠公寓租金，最后无奈走上流浪的道路。起初在隅田川河川边生活，4年前开始在笔者工作的事务所附近生活。现在收入大约每月有9万日元左右，包括每两个月养老金14万日元及每月两回从事老年工作的收入。作为流浪汉，收入已经很高了，也不用排队打赈济饭，每月盒饭费（有时也给别人买单）、烟费、手机话费就花掉9万日元。

手机是偶尔与前妻联系所用，山田告诉前妻自己从事保安工作，并没有告诉她自己过着流浪街头的生活。

流浪生活中，最艰辛的是“在一个冬日的夜晚，酣睡之中，开着车的一群年轻人向我走来，浇了我一身的水。纸箱和衣服都湿了，真的很冷很冷，真是无情啊！”山田想起这些悲伤的往事，面部露出凄苦的表情。

流浪街头者的自我责任论

流浪者的生活费来源各种各样。笔者访谈的8个老人中，生活费最多的是加养老金9万日元，最少的是1万日元。当然租赁住房来生活的话这点钱远远不够。

接受访谈的老人都说："我们还很健康，所以不想接受生活补助福利什么的，没关系……"可以说在如此贫穷的现实中，流浪街头的老年人仍然顽强地生活着。

但无论年老年轻，对于现在流浪街头的生活他们为什么要说："没关系！"呢。在不得不流浪的现实里，他们大都认为是"自己的责任"。山谷的人们自嘲自讽说的最多的话是"过上了现在这种日子，都是因为自己不好呀……是自己的责任啊！"

长年研究贫困问题的岩田正美就"无家可归"的生活状态这样指出："生活的极度贫穷很容易暴露在公众面前，更容易被谴责违法，也易遭人厌恶。"

对于没有居住场所的他们，因为被认为非法占据了地方而遭到人们的厌恶，这一点他们也确实亲身感受到了。另外，他们对于自己原来生活的过度酗酒，赌博等恶习导致如今流浪生活的反省也从另一方面反应了人们的想法。

四、与地域社会的联系

周围居民微秒的感情

这是今年秋天举办"山谷敬老文化节"的事情了。山谷的敬老文化节每年在已经荒废的山谷小学举办，是由城北劳动福祉中心与志愿者团体一起举办的活动。

文化节入场券的发放对象是60岁以上在旅馆生活的山谷劳动者以及当地居民。闷在三张榻榻米一个房间的山谷老人们早早就排队等待着12点半开门，估计能有500—600人之多。能拿到礼物如汗衫、袜子、毛巾、馒头而归的人大约占八成，其他人在三层欣赏文艺表演。在娱乐极少的日常生活中，这是山谷老年人期待的一项活动。

然而就在当日，抱着孩子的年轻母亲们满脸怒火前来抗议。"在别人家门口小便，到处扔垃圾，聚集了这样一帮肮脏的人，请问你们在干什么。这么多肮脏不堪的人，使得这个地区变得更加脏乱。你们也许是好意才举办了这样的活动，但是我们深感困扰。我们的税金养活了他们，他们不交税金却给我们这些交税金的造成了极大的麻烦，我们绝对不允许！”就这样气势汹汹地抗议了一个多小时。被这些年轻妈妈们的愤怒气势所压，这些山谷爷爷们，用近乎听不清的声音嘟囔到：“歇斯底里，太吵了！”

以前在参加某个商业街集会时，听到了如下发言：“就因为无家可归的人，才导致了这个商业街的衰败。必须把这些无家可归人赶出去。”类似如此言论居大多数。任职的职员都这样说道：“山谷是个可怕的地方，不能去。”“讨厌山谷人”这样的感情是一些居民对山谷人的直接感情流露。

自我责任与排挤逻辑

周围居民对山谷人的印象就是不干净、不努力。他们认为山谷人是一种非常讨厌的存在。山谷人的存在与居民已经对立化。山谷人也对自己不努力导致这样的后果内心有一种自卑的感情。当地居民也将山谷人看成是威胁自己生活的一种存在，也许是用“排挤逻辑”来看待问题的。

但是，也有与努力无关而出现的失业、事故、生病等，也存在不是仅靠努力就能解决的现实问题。把一切问题都归结成自我责任，把流浪街头的穷人的现状就一味与懒惰肮脏联系在一起，这是一件很可怕的事情，可以感受到其中的“排挤逻辑。”攻击流浪者的孩子说道：“脏鬼，废物一个，教训教训他。”从孩子们说的话可以看出是从“排挤逻辑”出发而引发的“对流浪汉的攻击”。

另外，“流浪者即便有地方住也不会长久，他们喜欢流浪街头的生活”。生活救助科福利事务所的职员和周边居民如此说道。实际上，有很多人已经不习惯集体生活，从住宿地出来重新流浪街头。

不习惯集体生活是放在“自我责任”的构架里考虑的。他们为何不习惯集体生活呢，我们没有进行一对一的验证就把问题全部囊括在“他们是只能过流浪生活的人们。”这样一个武断的结论里。

不管他们装束如何，不管他们的生活是如何的贫穷，他们每一个人都有其各自的经历与历史，都不同于任何人。我们要认同这种不同，维护他们每个人的尊严及生命的厚重。

山谷还很贫穷，还有很多人过着穷苦的流浪生活。希望这个问题能够早日得到解决。

五、街头流浪患上老年痴呆症

流浪街头患上痴呆症

大木彻（62 岁，化名），是那种可以把 5 分钟前事情忘记的人。开始流浪街头生活 2 年后，大木的记忆变得迟钝，说话颠三倒四。

大木在某个县出生，拥有居民票，好像还有少许的土地。结过婚，还有过 2 个孩子，离婚后，妻子和孩子音讯全无。大木在出生地还有一个生病的姐姐。

他长年从事油漆工的工作，也当过司机。现在每月大约有 45000 日元的养老金。但是，自己不知如何领取养老金，也不能将存的钱取出来。只要有些钱，就会被周围的人盗了去，经常是分文皆无。

大木过去住在山谷简易住所里，有一次身上现金、银行存折、驾照等都被偷了去，之后开始了流浪生活。随着开始流浪街头，大木只记得三件事情：一是领面包、二是有人照顾他，三是去某个救济所。最近痴呆症日益严重，嘴唇也不能抿紧，经常嘴角流着口水，衣着脏乱，说话也越来越不清楚了。

这样下去的话，总有一天连吃饭都会变得困难，甚至危及生命。志愿者与其一同前往有关福利事务所请求帮助。但是，该福利事务所讲道：“他的居民票在别的县，虽有土地，需要去当地福利事务所才可以解决问题。”之后还给了大木去出生地的交通费。

志愿者把大木送上电车，不知是不是因为山谷是他第二故乡的缘故，大木竟然从半路下车回到了山谷。之后，志愿者们想他只身一人前往出生地会比较困难，又与其一同前往出生地的福利事务所。福利事务所叫来了大木的姐姐，姐姐把大木接了回去。然而，数日后，大木再次回到山谷，又开始了流浪生活。我们与他姐姐联系后，姐姐说道：“我自己都在生病，根本照顾不了他。让他回来觉得更麻烦。希望事务所能给与帮助，照顾大木。”

大木痴呆症发展迅速，照此下去，可能会危及生命。但仍然得不到生活救助的大木继续过着流浪生活，继续去救济所领取面包。

住所主义与生活救助

如有流浪者出现生病，或是危及到生命情况的话，福利制度规定要帮助其度过窘境。我们必须意识到痴呆症本身就是一种严重疾病，逐渐恶化会危及到生命。但是，现实中自上而下的管理体制仍然有各种各样的问题。

有的人直接走到福利事务所的窗口咨询道：“我现在无法劳动，也吃不上饭了。”每当遇到这种情况的时候，窗口负责人就会说：“去山谷就能吃上了。”然后把地点告诉咨询者，同时还会把去山谷的交通费付给咨询者。拿上交通费后，这个人到山谷地区福利事务所的窗口咨询。听完咨询者的描述后，负责人会很生气的说：“太过分了！”会再次把回第一次咨询事务所的交通费付给咨询者。这种让人无法笑出来的笑话经常在山谷地区听到。

无法从事劳动养活自己，也无法享用福利制度，即使最后想靠生活救助生活时，也会碰到各种难题。被各种问题困扰最后不得不放弃，由此开始了流浪生活。如果得病甚至会出现不为人所知死在路上的情况。

六、山谷的高龄化与看护现状

集中化已到了极限

流浪街头生活者的高龄化与山谷地区的高龄化率以惊人的速度上升，我们可以先看一下日本高龄化现状。（表6－1）。所谓“极限集中”是指在人口稀少的现状中，50%以上是高龄者，维持社会性的共同生活已变得极端困难。山谷现状可以说是密集都市的一个“极限集中体”。

表 6 -1 高龄化比率（65 岁以上所占人口比例）比较

全国	20.8
东京都	18.9
台东区	22.8
清川 2 丁目	47.0

台东区町丁别高龄者人口一览（平成 19 年 1 月 1 日现在）

孤独死增多

山谷地区“孤独死”现象较多。孤独死一般会发生在街边，或是简易住所的三张榻榻米里。在笔者的护理站前，经常会有流浪者死在街头的情况。询问那些人的流浪伙伴：“那个人怎么了？”就会得到：“已经运走了，好像死了。”的回答。

笔者还听说在帐篷里生活的流浪者因感染了结核病，已有三人去世了。山谷由于其住宅环境、生活习惯的恶劣，以及贫穷和落后的医疗，结核病的发病率要比其他地区高出 50 倍甚至 60 倍。

结核病患者居多

笔者的护理站如果发现有结核病患者，会向结核研究所申请资金进行治疗。一般是从流浪者中收集痰液，把痰送去化验，及时发现患者并进行治疗。该活动 2002 年开始实施已有 2 年的时间了。从流浪者约 237 人中收集痰样，送去化验后发现其中三人已患有结核病。

237 人中发现 3 人患有结核病，该比率已经高于全国平均水平的 50 倍，由此可以看出山谷地区流浪街头人群中有着较高比率的结核病发病率。这三个结核病患者中的一人认识到治疗的重要性，遵医嘱服用了抗结核药物，积极配合治疗并已痊愈。还有一人由于住址不详没有找到，另外一人劝说其接受治疗，本人却说：“我还精神着呢！”拒绝治疗并说他要去横滨，之后就不知去向。通过这件事我深深地认识到仅仅发现病情是不够的，如何让他们配合治疗才是更为重要的。

结核病治愈后罹患癌症

上面提到的去横滨后不知去向的流浪者名叫铃木太郎(78岁，化名)，5年后在山谷再次相遇，铃木已是癌症晚期。铃木一直在山谷家庭式晚期疗养机构里接受治疗，之后我们的访问护理师开始照顾他。我清楚的记得铃木在7年前就被查出患有结核病。

笔者曾极力劝铃木接受治疗，得到的回复是："我现在不想住院。"铃木曾一度去了横滨朋友处，之后再次回到隅田川河边。大概是因身患结核的缘故吧，铃木的体力已日渐低下，甚至连短工的工作也做不了了，生活日益拮据，经常在隅田川河边晃荡。最后不得不听从福利事务所人员的劝说，住进了医院。医院认为结核病导致其体力下降，对其进行了结核病治疗，但同时发现铃木已身患大肠癌（现已转移到肝脏和骨骼，晚期)。从笔者发现他患结核病后已过去了4年，此时铃木76岁。

铃木对此虽很坦然，依然用略带寂寞的口气说道："当初发现结核病的时候就应该进行住院治疗。"他向我们讲述了他以往的经历和生活。

铃木原来一家四口，有两个孩子。当时运输工作非常多，铃木从亲戚家借钱买了翻斗车，开车运送建筑材料。比起给别人打工，自己进行这种自营业式的经营会能攒下一些钱，因此他用借钱买下的翻斗车拼命的工作着。然而，泡沫经济破灭后，业务慢慢减少，欠账越积越多，不断有人上门催款。铃木认为是自己拖累了家庭和亲戚，于是离家出走，中断了与家庭、亲戚的联系，开始了流浪街头的生活。之后找了一份建筑工地的工作，能够勉强度日，这样的生活持续了10多年。

"最难受的事情就是拖累了家庭，与家庭断绝了来往。""还有就是晚上的时候，被中学生往身上扔石头，感觉自己差点被砸死。"铃木神色暗淡的讲道。

铃木其实是一个认真正直的人，经常自言自语道："命不好啊。"开始接受生活救济后，福利事务所的工作人员竟然给他联系上了失散的家人，然而联系后才得知妻子已经去世，在医院与20年未见的孩子见了面。之后与孩子们一起去旅游，铃木非常高兴地给我们看了当时的旅行照片。

只有很少的一部分患者能够住进山谷晚期疗养机构，铃木能在这里接受治疗算是一个幸运的人了。在这个单身、贫困、老年问题多重的山谷地区，不为人知的“孤独死去”屡见不鲜。

肺癌护理

笔者作为上门护理师护理过许多患者，也遇见过许多在简易住所里孤独死去的人。有的人在我们上门探视时已经去世。遗体被抬进带蓬卡车中去验尸。有的人突发脑溢血，马上被救护车送到医院却抢救无效而终。

其中一人是下田哲也（72岁，化名），他的死令人心痛。下田呼吸出现困难后的两个月去世。他是个不容人的老人，与别人合不来，经常发些抱怨。我们已有7年的交情，但在生命的最后他也没有敞开心扉，对自己的经历闭口不谈。只说过：“山谷是个最差的地方”，“真想住到别的地方去”诸如此类的话。

下田患有脑血栓半身瘫痪，非常担心自己单独外出。与别人也毫无往来，即使护理中心邀请也会断然拒绝。下田的唯一乐趣就是每周一次访问护理时的恢复训练，也就是在公园的步行练习。有一天他突然说“喘不过气来”后，呼吸变得急促，原因是肺癌扩散，两肺有大量胸积水，导致病情急速恶化。

住院的日子里下田一直处于身心极度不放松、忐忑不安之中，禁止让护士碰他的身体，如果护士对他稍加护理时，他会瞬间变得非常暴躁，常常是满身污垢的蜷缩在床的一角。

在病房里下田成为大家棘手头疼的对象，直到生命的最后下田都认为自己的病情之所以会迅速恶化都是大夫和护士导致的，甚至对周围人抱着一种仇恨的心理。

笔者开始访问护理工作已经7年了，对他的脾气多少知道一些，他对于任何事物都是拒绝的，我也只能视情况去看他。在下田去世的三天前，他坐在轮椅上我带他去了附近的公园。这对于下田来说，是他最后看到外面的风景。下田没有表现出特别的高兴。我至今都常常在想公园里的绿意盎然、盆栽的可爱小花在下田的内心里是如何感受的呢？进入晚期疗养机构的前几天下田仍然是抵抗与拒绝，在抵抗中离开了这个世界。

下田最后是在访问护理站的一个同事和笔者的目送中火葬的，没有亲人参加。“我们要尊重每个人的人权，让他们有尊严的离去……”我虽然对此深信不疑，但自己美好的愿望每每被残酷的现实击的粉碎。

在山谷一共有五个拥有住宿场所的 NPO 团体。笔者所在的访问护理站自 2009 年 5 月开始，已经建成了 13 个可以进行护理的单独住宿房间。已经去世的下田曾经也非常希望能住在这种房间里。老龄、生病与孤独中，能住在这样的房子里成为他们唯一的希望之光。

护理场所

根据国立社会保障、人口问题研究所发表的数据显示，在医疗机构、护理站、自己家中无法进行护理的人预计到 2030 年时将有 47 万人。可以进行护理的场所，应该不仅仅局限在医疗机构、护理站等，应纳入到一般居民住宅中。对于没有护理地方的人如果我们为了不让他们死于“孤独”，也应该创建一个山谷地区的联系网。这可能成为解决单身、贫困、老龄化问题的一个突破口。

七、支援的关键——地域网的建立

“地区网络之会”的创立

“地区网络之会”的建立旨在发挥地区网络的力量和优势，解决山谷地区单身、老龄、生活贫困者众多等问题。2008 年3 月开始协商，包括充分利用好山谷地区的简易住所及 NPO 管理的住宿场所等，计划通过地区网的力量解决单身、老龄、生活贫困者及身体不便等人的生活问题。

山谷周边医院的医生是地区网络之会的代表，积极组织各种团体集中商讨本地区的诸多问题。一个人和一个团体解决不了的事情，通过大家互相提供的信息、经验、专业、资源等来共同协助解决问题、困难。

关于地区网的构建问题，曾几次开会讨论，在讨论问题事例的过程中，促进了学习，解决了很多问题。定期召开有针对性的问题事例的讨论会，面对面的真诚协商，各团体之间的联系也日益紧密，增强了大家同心同德的意识。

山谷地区的单身、老龄、生活贫困等问题，不仅是山谷地区的问题，也是今后日本要面临的问题。在少子老龄化的背景下，出生人口日益低下，需要医疗、护理的老龄者不断增加，医疗及护理设施的严重短缺造成了大量医疗难民及护理难民。而存在高龄者医疗难民、护理难民较多的的地区就是单身、贫困、高龄者密集的山谷地区。

通过山谷地区网的构建来解决问题也是为日后日本解决高龄者医疗难民、护理难民及单身、贫困等问题提供一个重要的参考蓝本，从这个意义上来说山谷地区的经验是有一定指导作用的。

地区网支援的事例

户田澄夫（56 岁，化名），患有智障、综合失调症、肝病。据流浪者紧急处理保护设施工作的护士讲，户田曾咨询过访问护理站。他希望“就业困难，想住在山谷的简易住所里，得到护理照顾和日常生活的支援”。

于是，工作人员迅速为其寻找能接收的简易住所，户田依靠访问护理的照顾维持着生活。这样过去了两年多，仍然出现了诸多问题。

有一个时期户田突然连续写信，数日的信都能塞满三纸箱。信的内容也包括恐吓性的文章，有时还装入女性的内衣中。有时尾随固定的护士，有时在事务所门前晃荡。户田无法控制自己的饮食，不知道吃了什么东西，体重很短时间就飙升到 120 公斤。

另外，他还无法控制自己的排泄问题，经常会嚷嚷着肚子疼而大小便失禁，这时他便会叫救护车。因为他无法保持自己身体的清洁，陪他去公共浴室时，他看到入口便会马上退出来，由此知道他从不洗浴。他也曾经尝试过去门诊护理中心，却当场失禁，之后他就不想再去了。

每天要看着他服下精神科及内科的药，但是进行这样的服药管理非常艰难，即使这样也会出现药被丢到垃圾箱的情况。光靠访问护理已经很难支撑他的日常生活了。

为了解决以上问题护理人员沟通过数次，也求助了其他NPO组织的帮助，住所也由原来的简易住所换成了某个团体管理的带有救助性质的住所。此外，考虑到需要护理员，我们与个案工作的负责人进行了协商，办妥了针对智障者的《爱的手册》等的相关手续，配备了护理员。

在地区诸多部门的合作和配合下，户田的精神状态已逐渐稳定，也能按规律服药，三餐准时进行，体重也恢复稳定，自己也能管理排泄状况，身体恢复了常人的清洁。在地区合作及多方协力下，户田的生活得到了改观，从而生活安定下来。

超越行业的人际网力量

内科医生、精神科医生、护士、护理员、药剂师、住所管理职员、福利工作者，正是以上这些人员的大力配合和协助才帮助户田的生活逐渐变得稳定。医疗设施和护理设施中的工作人员在不同的岗位配合协作，帮助照顾患者的生活。可以说，这样的合作是解决山谷有住所人群困难的巨大力量。

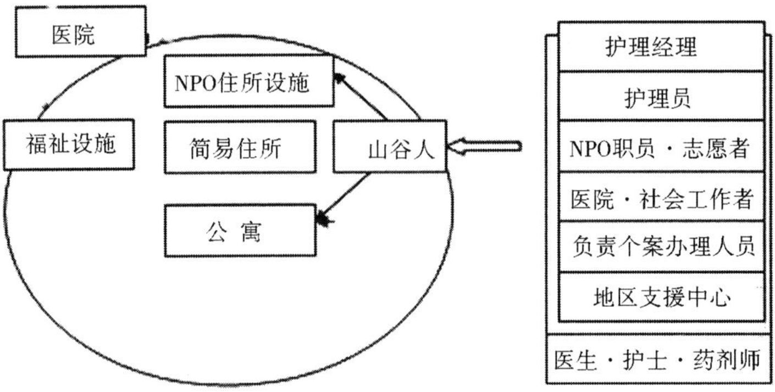

图6－2　山谷地区人际网图

以上这些不同行业的力量也是在不同程度上给与生病、残疾者、痴呆症单身患者、精神病患者、HIV患者、生命晚期患者支援照顾的重要力量。

上述提到的不同行业网可以给需要者创造更多可能的医疗、保健、护理及福利条件。有以下优点：

第一多种行业协力配合，发挥了各尽其能的作用，使得一个人能享受多方面、多角度的服务，从而也使得患者真正成为主体。

第二多行业多组织人员提出不同意见和观点，使问题变得更加透明化，也打破了以往组织团体各自为政的封闭性。

第三通过解决问题实现了信息的互通性，为日后新问题的解决奠定了良好的基础。

第四有利于山谷地区的医疗福利与整个地区的发展。

第五该地区行业人际网的建立会产生普遍的影响，为其他地区提供了一个先进示范的样本。

本田医生是该地区的合作代表，他指出："在人口高龄化、医疗又薄弱的地区，我们做了如何实现可持续医疗护理及福利保障的尝试，这为将来日本模式起到了重要的试金石作用。"

笔者也希望不同行业人际网的建立为解决现代日本"单身，贫苦，高龄"问题起到重要的引领作用。

山下真实子

参考文献

《东京福址与保健》东京都福址保健局总务部总务科，2009 年度版。

财团法人城北劳动·福址中心《事业概要》2008 年版。

岩田正美:《现代贫困—贫穷的劳动者·流浪街头生活保障》筑摩新书，第 7—11 页。

岩田正美:《流浪者 现在社会/福利国家—以“生活场所”为中心》明石书店，第 39—42 页。

汤浅诚:《反贫困—脱离“滑梯社会”》岩波新书，第 19—33 页。

高田敏·桑原洋子·逢坂隆子编:《流浪者研究—釜崎的呼声》信山社。

福田国士:《从地图消失的“东京街道”》祥传社黄金文库，第42—49 页。

本田彻:《从医务第一线看贫困老龄问题—为了实现地区可持续护理与搭建住所组织管理》《NEK 社会福利研讨会》2009 年 8—11 月。

本田彻: 《生活贫穷者的医疗问题》 《公共卫生》2008 年 Vol. 72 No. 9。

龙腋宪:《从“社会性的住院”问题来看居住支援与地区护理》《Shelter - less》34 号、新宿流浪者支援机构、2008 年。

黑田研二:（主任研究者）《有关流浪者的医疗需要与医疗保障体系的研究》2005 年 3 月。

第七章　对弱势群体的不良影响
——地方高龄者问题

一、地方城市的高龄者生活

笔者在福井县的一个小城市成立了一个 NPO 法人组织，主要从事面向高龄者开放门诊护理等工作。在高龄化快速发展的背景下，行政手段已无法完全应对。经常有人称："地方早已落后了"，我们如果看一下地方社会保障福利的惨淡经营状况就会了然如心。该市 2008 年年底结算总额有 153 亿日元，其中福利方面的花销为 69 亿日元，大概 45% 用于福利支出。

在这样财政紧缺的地方城市里，高龄者的生活有着怎样的课题，带着这样的问题我们从下面的几个例子中与读者共同探讨。

高龄者夫妇自杀事件（事例 1）

2005 年，护理保险制度终于被大家所周知，利用者也逐年上升，而在同年的 11 月，在一个偏僻安静的农村，发生了一件令我们每个人都感到震惊的事件。

11 月 7 日正午过后不久，在村子一个旧火葬场前停着一辆没有熄火的汽车，汽车里还传出磁带音乐的声音。这是一个废旧无人使用的火葬场。村里的人都觉得这辆车很可疑，向车里望去，却发现车里无人。还发现从火葬场的烟囱里冒出微弱的缕缕烟雾，感觉不太对劲的村里人于是报了警。当打开关着的焚烧炉时，发现了焚烧炉里有两具烧死的尸体。据说是一人抱着另外一人呈横躺姿势。

次日便从牙科的治疗病案中判断出这两具尸体是附近的一对80岁老夫妇。妻子患有糖尿病与痴呆症，丈夫虽然一直有痛风的老毛病，但却一直精心的照顾着老伴，夫妇两人感情很好。妻子自从换上痴呆症后，与亲戚的往来逐渐减少，与邻居也保持着距离。近20年来一直是丈夫独自一人承担着护理妻子的重任。

丈夫把自杀的经过，写在大约七八张的加油票据上。“晚上8点，与妻子一起走出家门”“大约等了1个多小时，准备了火葬需要的炭与木材等。妻子一言不发地等待着”“7号凌晨零点45分开始点火。再见了。”

11月8号，市长办公室收到了一封信。内容是将自己所拥有的土地、房屋、农田、旱田、山林等不动产全部捐赠给市里的一封遗嘱。

葬礼在亲戚及村人的协助下安静地举行了。在整理主人遗留下的遗物时，发现了许多丈夫写的日记，其中有“某某氏，真是太抱歉了”类似这样的道歉文字。亲戚哽咽道：“其实我也意识到一个人是无法这样生活下去的……”

这个地区实际上已在进行“护理应是地域社会人们相互支持、共同完成的”这样的活动。原本淡薄的社区地域活动渐渐活跃起来。对这对老夫妇也没有置之不管。民生办委员与福利办委员通过与市里商量，派遣居家护理支援中心的护理经理对丈夫解释说明护理保险制度，并劝其可以利用门诊护理，使夫妇二人都能接受必要的帮助。虽然苦口婆心的劝说，无奈丈夫还是固执的拒绝道：“我不打算接受任何施舍。”

2003年，丈夫终于接受了护理经理的建议，开始参观学习市内的门诊护理。护理经理选择了我们NOP法人经营的“阳光门诊护理所”。

笔者等人在开始经营时，目标锁定在别的护理所不接纳，没有其他去处的重度痴呆症老人群体上，为他们创造一个“轻松愉悦的场所”。我们的“阳光门诊护理所”得到许多护理经理如同“最后的堡垒”般的信赖。

在定额10人的小事务所里，丈夫看到了这里的老人心情开朗、安全，于是下决心把妻子送到门诊护理中心进行一周一次的护理帮助。后来丈夫还婉拒了护理中心员工的上门接送，开始自己开车接送妻子，这样的生活持续了两年多。

妻子是个喜欢音乐，非常爱笑的老人。大家也渐渐觉得丈夫对“阳光门诊护理所”的管理员及员工们越来越信任了。

妻子因常出现幻听幻觉需要护理帮助，护理经理建议增加来所次数或者增加上门护理。丈夫虽回绝道：“我会自己做的”，但还是把来所次数增加到两次，使周围人大大地松了口气。

在事件发生的前几日，“阳光门诊护理所”接到了丈夫的电话：“我最近大便带血，医院说得去检查一下，怀疑大肠有什么问题，不能正常接送妻子了，这周想请个假。”接电话的负责人还说：“如果下次也来不了的话，我们去您家看看。”大家都觉得如果担任护理人的丈夫也病倒的话，那他妻子的生活将无法维持，无论如何都得有个对策。然而没想到这么快就发生了开头的那一幕。

为什么丈夫带着妻子选择了死呢？为什么会走投无路呢？为什么没有向周围的人大声求救呢？熟悉夫妻二人的我们对于这样的突发事件深感震惊，使我们不禁有很多的懊恼和遗憾。

夫妻二人领取的是国家养老金，都已80多岁，除了领取国家养老金外无其他收入。估计每月有3万—4万日元的养老金。把护理保险金分成两人份的话，要享受足够的护理服务还远远不够。虽然他们不用缴纳税金，但必须要上交固定资产税。丈夫的手术费要筹措，又不能把妻子孤单一个人留在世上，也不想给任何人带来麻烦，故而选择了两人自杀的道路，对于这样的想法，我们无法去责备。

尽管市里的福利负责人对我们说要从这个事件中认真吸取教训，但笔者依然要对现行的政治与行政现状提出质疑。

无养老金的高龄者的事例（事例2）

这是一对生活在市郊区的夫妇。吉田刚（68岁，化名），年轻时拥有自家附近一栋木材工厂与仓库，通过雕刻榉木、桑木等制成工艺品销售。有一女儿嫁到了市里，没有继承人。吉田患有糖尿病。

刚过60岁，吉田病倒于脑梗塞，留下了半身麻痹和语言障碍后遗症，无法工作下去。自然没有了收入来源，储蓄也渐少，生活成了问题。吉田没有国家养老金，生活费靠借高利贷，还款也按高利贷款偿还，走上了日本所谓的高利贷“灰色地带”，从此掉入了高利贷的地狱里。

女儿家也并不富裕，女儿和女婿一起去市里商量救助的办法。在周围人的努力下，证实了高利贷还款已大大超过应还款，退还的钱由女儿夫妇管理着。根据吉田的身体状况判定需要使用护理保险服务，定为需要护理1型。

来家访问的护理经理对吉田的衣着肮脏不整非常惊讶，因吉田拒绝门诊护理服务，因此考虑给他提供上门护理。

夫妻二人的生活已经持续了若干年，家里的脏乱差已经远远超出一般的生活常态。尽管护理员每日来家打扫，次日又会恢复原状。从护理员的报告中我们开始关注妻子的生活状态，对其进行了诊断，确诊妻子患有痴呆症。据说几年前妻子就已经不能干任何家务事了。

地区支援中心（高龄者综合商谈中心）的护理经理根据他家的情况努力争取到护理保险服务，使得夫妻二人在家可以自立生活了。但是又得面对夫妻二人没有收入这个问题，考虑到二人有不动产，还有亲人，享受不到最低生活保障金。但是，已嫁做人妇尚在抚养孩子的女儿完全负担双亲的生活也有诸多的困难。

妻子开始使用临市的私人医院（精神科）门诊护理，人也渐渐变得开朗起来。由于门诊护理没有太多条件，并不能上门接送病人，妻子又不能在指定的地方等公交，所以必须结合上门护理来共同解决问题。

实际上吉田也患有痴呆症，无法管理使用金钱，在与市维权窗口服务处（社会福利协议会）商量后，认为今后吉田夫妇的生活需要委托法律监护人。

与子女同住的高龄者事例（事例3）

田中绢（80岁，化名）与儿子夫妻两人同住一处。某日田中身体感到不适去医院进行了检查，检查结果为癌症晚期，因诊断没有治愈希望拒绝了住院治疗。儿子夫妻两人都有工作，白天绢女士一人在家。

儿子回家后会为其换尿布，照顾饮食起居，清洗会阴部时因癌症所致绢女士感觉疼痛难忍，拒绝清洗，也就这样听之任之了。由于她一直卧床不起，也无法洗澡，体臭逐渐严重，已经影响到了生活。再次希望住院却又遭到拒绝，于是来到住宅护理支援事务所（护理支援专员）寻求帮助。

事务所马上为之制订了上门护理的计划，护理员为其清洗阴部、洗澡、照顾饮食。虽然每天两次上门护理，但即使是熟练的护理员也常常感到有很多困难。

绢女士偶尔会拒绝换脏尿布和床单。护理员询问其理由，她说给家庭带来了麻烦，让家里人为她花钱感到非常对不起家人。护理员把这些情况和她的家人说了，家人道“今早提到孩子结婚的事，又要花钱，该如何是好”等，她可能听到了。

绢女士的养老金一年低于 80 万日元，但他家是要交市民税的户口，不享受护理保险法中的“低收入者减税政策”，保险费和护理费都不能减免。享受护理保险服务越多，儿子夫妇的负担就越大。

市区里没有临终关怀疗养院，只有一个晚期护理机构，但那里只接收原来进入机构的人，并不接受已到晚期的新患者。

像绢女士这样的既不能在医院又不能使用护理机构服务的人该怎么办呢？这大概也是政治家、行政部门要考虑的问题吧。

U 型高龄者事例（事例 4）

如今已都是 80 岁的土田夫妇（化名），1960 年为了找工作搬到了石川县，在石川一个公司任职直至退休。退休后夫妻二人生活，儿子当了别人家的养子，也有了家庭。

夫妻二人当初应该是入了社会保险的，但是由于公司没有交纳保险金，所以成了无养老金户口。退休后干些零工勉强能维持生活，随着年龄逐渐增大渐渐地无法出去工作了，不得不靠借钱度日。

儿子对双亲的这种生活状况感到担忧遂来到福利事务所商量对策，但是并没有得到实质性的帮助。儿子觉得虽做了护理认定，但老夫妇二人由于呼吸器官一直有老毛病，两人单独生活非常困难，遂在亲戚的帮助下返回了双亲所在的市。

住在我们事务所附近的土田夫妻的侄女到事务所来寻求帮助，护理经理与市里进行了联系。幸运的是在侄女住宅附近有一所空着没人住的老房子，夫妻可以暂借住在里面。但是夫妻二人无法在家独立生活。在笔者的“阳光门诊护理所”沙龙的帮助下暂且作为过渡，这期间办理了居民卡、备齐了认定调查前的手续。申请了住宅装修，利用家庭护理服务的生活开始走向正轨。这样过了差不多一个月。一天早上，上门服务的护理员在狭窄的屋子里发现土田先生掉到两张床空隙里，随即叫了救护车将他送到医院。妻子由于痴呆症无法应付这些，导致丈夫在很长的一段时间内头上蒙着一起掉下来的薄被无法挪动身体。

检查结果是丈夫骨折，需要住院接受手术治疗（使用超高龄者医疗保险），而妻子一人无法独立生活，必须增加护理的次数。这样一来用护理保险不能全部报销，便让其以一日500日元使用沙龙服务，来维持看护。

如今，护理支援专员劝说妻子到医院接受诊断，看看妻子的精神科看护是否能在医疗的范围得到诊断治疗，但是没有一家医疗机构能接收这位妻子。

因没有养老金，自己负担的部分需要儿子想办法筹措，儿子因此承担了很大一部分债务，生活日益拮据。

该事例是交付了厚生年金保险，但由于公司破产没有缴纳导致年老后领不到养老金的典型事例。

泡沫经济破灭后，许多市民去别的县府寻找工作，离开了自己生活的城市。但是，当时正是工作旺盛期的人们迎来了自己的高龄期，回到故乡寻找自己最终的归所。我们通过该事例可以看到，要完全满足高龄者在自己的故乡安度晚年的愿望，目前的市财政规模还相差甚远。

二、高龄化急速加剧的地方城市

高龄者的数量

本市2008年护理保险被保人中被称为65岁以上的第一号被保险人约有10700人（其中超高龄者有5700人）。40岁以上64岁未满的第二号被保险人约有13000人，未满40岁的居民约有15000人。同时，第一号被保险人中，约有1100人被称为第一阶段，他们是有着生活低保或是免税优惠且养老金为80万日元以下收入的阶层。

保险费与护理设施的现状

高龄者福利政策中，虽然护理服务是由护理保险制度中支出，但本市2008年度第一号被保险人的保险费为4000日元（月度标准额），根据收入阶层的不同，有2000日元、3000日元、标准额的4000日元、5000日元、6000日元。同时2008年度需要护理认定者有1654人，涉及到高龄者人口10802人的15.3%。

此外，市政府还对护理保险以外的福利服务如“健康护理用品供给事业（以65岁以上需要护理4及5型的免税群体为对象）”支出834万日元，为“护理保险使用者负担减免事业”支出700万日元。

市中心有两个特别老年疗养院，定员为120人。其中有一成老人是来自于市外的高龄者。希望能住进特别老年养老院的老年人非常多，条件所限，只能在家中等待时机。市政府也把这个作为一项紧急课题处理。此外，老年人保健设施在市中心只有一处（定员为94人）。类似于老人之家的可供小规模高龄者使用的设施有几个，但即便如此也无法满足紧急情况的临时居住，也无法减轻需要在家护理的家庭经济负担。

三、地方城市统筹不足

高龄者与下一代的同住率

本市2005年度拥有65岁以上高龄者的家庭有6636个，占全体的59.3%。其中65岁以上老人单独生活的家庭有848个，65岁以上夫妻二人生活的家庭有1231个。但是，同65岁以上高龄者一起生活的家庭数上升至4557个。虽然较之1980年高龄者与下一代同居率的84.6%相比有所减少，但是同居率仍有68.7%，高于全国平均水平。

也就是说，很多家庭采取了居家护理的方式，这个比率与全国相比较高。如让父母亲去护理机构的话，会让人说成是“把父母亲扔到护理机构”的不孝子孙。从这个意义上来说，对居家护理服务的完善更应任重而道远。

护理员短缺

家庭看护事务所目前最严峻的现状就是护理员短缺问题。即使高龄者与子女同住一处，但如果白天子女外出工作的话，留守家中的高龄者由谁来看护自然变得非常重要。再加上还有高龄者独居和老夫妇二人生活的情况，近年对护理员的需求量是非常大的。

此外，现行的护理保险制度是以个人为单位提供服务的，如负责护理丈夫的护理员，即使现场发现妻子失禁从规定来讲也不允许去照看妻子。而且餐饮也是按照夫妻二人分开进行准备的。

但是，遇到上述类似情况，护理员又会觉得不能不管，会对妻子进行看护照顾，但这是无报酬的。笔者认为今后有必要根据实际情况来更改现有以个人为单位提供护理的形式。

护理事务所的退出

近年来年轻人外出打工的就业率逐年增加，因此护理人才越来越短缺。此外，因地域较大，山区等基本没有专业的看护事务所。现在只有社会福利协议会运营的门诊护理所可以满足附近单程30分钟以上的地区，但从成本来讲非常不划算。在地方为了照顾看护一位高龄者往返花费60分钟以上的情况已司空见惯。因此如果没有丰厚的报酬，很难招到护理人才。一定要考虑到大城市与小地方的不同，根据实际情况，在不增加高龄者负担的基础上，使长时间奔波在路途中的护理人员报酬有所增长。

此外，由于人口稀少，高龄者的人数无法与大城市相比，也不会有从其他城市及县来我们这样的小地方成立护理事务所的情况。因此也不会发生事务所之间互相竞争服务种类、内容、质量的情况。自从卡姆森护理事务所退出之后，再没有新设的事务所。护理保险制度一直以来的目标是根据竞争原理实现服务的优质化，但是这仅仅局限于一小部分城市，在众多地方都无法实现。

四、地方城市面临的现实

无法灵活使用减免措施及互助制度

一般来讲，高龄者都是跟着儿子一起生活，由儿子来抚养。家庭收入成为一些护理费减免或优惠政策的参考条件，如果是同住家庭的话，这样的高龄者都会排除在外。如本市的《护理保险使用者费用减免制度》中的对象者有170人之余（约700万日元以上），而享受其服务优惠者仅是1400人中的10%。

此外，市中心特殊保健护养老人中心的费用如果属于第5种护理形式的话，每个月大概是81000日元到94000日元（包括餐费，房屋费），也会有护理保险费用的减免。但是，其对象是非纳税的高龄者，而实际上很少有高龄者可以享受该优惠。

低养老金领取额

笔者印象中大部分高龄者的养老金领取额为每月7万日元。其中也有领取3万日元左右的高龄者。地方城市与大都市不同，自营业者、从事农业者较多，入社会养老保险的人较少。

此外，因为当初国民养老保险是自愿加入原则，故而也有如果入险期间不满40年，就不能得到全额养老保险的高龄者。

我们所在的小镇直到1960年都是靠纺织产业繁荣发展的，不论什么工作都与纺织有关，全镇每家都有织布机，镇子里的年轻人全部在织布机房里辛勤工作。那是人们陶醉在织布机吱吱响的年代。

1959年开始实行国民养老金制度时，很少有人对将来抱有不安感。故而人们对养老保险也没什么兴趣。在农村，以振兴农业的名义推行土地改革，开始购入大型农业设备。农民们都是在JA的指导下奔波于农田改造，对正在推行的社会保障制度中的国民保险关注较少。

对于养老金之外就没有什么收入的高龄者来说，护理保险服务费即使仅为10%也绝不是什么便宜的费用。虽然根据不同需要，护理服务需求有所增加，从而10%的承担费也会有所上升，但是也有不能很好提供必要服务的情况。

“购物难民”和“看病难民”

在地方城市汽车是生活必需品。市区内环线行驶的公共汽车在1960年以前就停运了。因此私家车拥有率较高，一个家庭有两三辆汽车不足为奇。一旦成人，基本所有人都会取得驾照，开自家车上下班、购物等。

同时，大型商业购物中心都集中到了郊区，市中心的小商店鳞次栉比的光景逐渐减少。高龄者经常光顾的杂货店也逐渐没有了。加之有限的公交线路，不会开车的高龄者无法进行日常生活品的采购，带来了诸多不便。

尽管有JR，但一天仅有几班行驶。如去医院看病的话，或选择打车前往，或搭乘儿子早上上班的车去医院，经常会碰到需要等上2—3小时医院才开门的情况。市政府在公交线路上增加了搭乘出租车线路，可以几个人共搭出租，以此来减轻高龄者的负担。但此举既加大了财政负担，又不能满足所有人的需求。在地方生活的高龄者中出现了“购物难民”、“看病难民”。

急速加剧的“医疗”过疏化

市中心没有公立医院，临市的“社会保险医院”是唯一的一个公立中心医院，故而该地区被称为“医疗稀少”区域。前政权推出的“废除社会保险医院”曾一度使当地居民深感不安，但之后又因人事更替没有实施，居民们才一块石头落了地。

这是因为市中心的民间医疗机构没有高水平的医疗设备，遇到紧急状况时，需要用救护车运送到市外的公立医院（日赤·县立·济生会医院）进行治疗的情况逐年增多。加之市内专业性较高的医疗机构不足，特别是医护人员对于痴呆症的治疗技术不够，地方城市里专业诊治痴呆病人的医生少之又少。导致在病情初期诊断不够，使病情不断加重。

此外，能满足复诊条件的医疗机构也极为稀少，导致高龄者看病时家庭护理成为主要方式。因此，会出现我们上述所说的独居高龄者成为“看病难民”的情况。如果不及早配合地方进行医疗制度改革的话，在家护理也会出现更多问题。

五、大城市与小地方的不同

小地方落后了吗

战后日本由于产业结构不合理，小地方年轻人为了找工作都奔向大城市，留守护农田、山林的只有高龄者。同时，市中心商店由于顾客都流向了大型购物中心，失去了往日生气。

健康长寿是每个人的希望，然而如遇不幸，夫妻中的任意一方病倒，需要精心护理时，就会出现“老老护理”的情况。再者，如果碰到生活上的难题，就会出现上述老夫妇双双自杀的现象。

在农村地区与三代同住相比，两代同住率较高。孙子成人后去大城市工作的家庭较多，留守在家中的50—60岁的女儿或儿子在护理照顾着父母。而且，子女为双职工的情况较多，如果双亲中的某位需要照顾的话，子女家庭中的一方必须选择放弃工作。

我们已反复提出市内的护理机构已没有空位，一般情况下是无法入住的。在家接受家人护理，并能与门诊护理及上门护理方式结合起来的话会对减轻老人家庭负担起到积极的作用。

冬季为大雪地带

我们小镇位于大雪地带，一到冬季必定会降雪。村子里的院子占地比较广阔，积雪较重，扫雪也不是一件容易的事情。

笔者时常感到国家制度是以大城市为基准制定的。如果不根据各地不同实情来制定相应制度的话，小地方的高龄者必定会落后于时代。一降大雪，门诊护理就不能为高龄者提供服务，因为接送用的车子无法启动。此外，对于上门护理的护理员来说也变得很艰难。

在大城市和小地方间，高龄者接触护理及医疗的情况是不同的。以同一个基准制定的制度对于小地方的高龄者是无法享受到同样服务的。大城市和小地方从服务的视点来看是有距离的。然而，在这样的情况下，却需要承担相同的护理保险费，也就是说接受程度不同，却被迫承担同样的负担。

市民能做的事情

笔者一直认为：制度一定会改变的。护理保险制度有很多缺陷，在这个制度下自己的父母如需护理时怎么办？一起来创办一个能活出自我的老年人生活场所。本着这样的愿望我们创办了NPO法人，以建立一个“护理保险制度下的轻松愉快场所”为目标，与地区居民协力运营门诊中心。笔者认为这尽管是很小的市民运动，但至少可以成为高龄者生活的支柱。

也可以聚集些有志向的市民，在高龄者较集中的地区创办一个类似“阳光护理门诊”的地方，雇用一些专业的护理人员提供服务。

尽管政治及行政因素不可推卸，但是作为普通市民，也可以做些力所能及的事情，成为周围高龄者生活的支柱。这确实要花费不少精力和时间，但是作为市民，应该为耐心细致地整合和调整符合我们地方实际情况的福利架构付出我们的努力。

米村辉子

第八章　医疗现场的贫困

一、平日医治病人的感想

现今，为了维持上岁数后的生活，仅依靠“养老金”是不够的，不少老人开始动用“存款”。家庭构成方面，三代家庭减少，所谓老人小家庭化，即指不结婚的老人（独居老人）或老年夫妇的增加。

但是，即便是科学进步的今天，世事无常是永远不能改变的。随着年龄的增长，就必然会患上“疾病”，需要治疗。这时，就面临医疗费的问题。政府对医疗保险制度下的医疗费是有所控制的。

富人和穷人之间的区别就在于生病的时候能否说出“不管多少钱，都能支付”这样的话。有能力住进医院特别病房的人，既可以让自己所选的医生看病，又可以不满意时提出转院的要求。

也就是说，如果不能支付差额床位费等健康保险以外的高额费用，就无法继续住院。虽然经济拮据的患者也可以住进无须缴纳差额床位费（特别病房）的大病房，但实际上，很多人已预约并在等待中。大病房一旦有空床位，就连住在特别病房的患者也会提出“请帮我转到无须支付高额开支的大病房”这样的请求。

治疗疾病等医疗服务适用于保险，因此即便是住进便宜病房，服务也不会打折扣。然而，经济贫困的人，往往只在大病房空出的时候，才有机会住院接受治疗。事实上，医疗服务的保障权，是与医疗保险制度以外的其他经济状况相联系的。

二、医疗和个人经济状况

经过医疗费的几轮下调很多医院一直通过医疗保险以外的差额床位费等来填补医院经营的赤字部分。对于贫困者来说，因为无法支付差额床位费等，即使希望到有名的医院或大学附属医院等接受住院治疗大多情况下也会遭到各种理由的拒绝，比如说“没有空床位”。另外，由于75岁以上老人住院天数可能会很长，所以他们在住院期间，如果不同意病情稳定后转院到其他合作医院的话，有可能得不到治疗。

如今，无家可归、无固定住处、享受生活保护福利等生活贫困经济拮据的老人越来越多。如果病了也无法看医生或住院的话，那有可能危及“生命”。

前段时间，我有机会从新宿站前往京王广场酒店方向，路过新宿西口地下街道。以前，东京都对这里的贫民等无家可归者进行过清理整顿。很多居无定所的人睡在纸箱或睡袋里，并且治安很差，街道飘满了恶臭，不由得令人害怕。如今完全看不到那样的景象了。但在东京都内无家可归的流浪者在选择医院方面却面临很大的困难，因为没有医院愿意接收他们。

三、疾病和贫困

关于医疗机构的利用

东京都内的医疗机构有大学附属医院、国立医院、公共医院（都立医院、日本红十字医院、互助会医院、社会保险医院）、厚生养老金医院、警察医院、JR医院等，这些机构的设置主体是财团法人、医疗法人、社会福利法人、宗教法人。另外，大部分医疗机构可接收急救患者。

大多数国民都希望到大医院就诊，这也许是源于外观的硬件条件和对医疗体制的放心。但是，大学附属医院等为了保证不因一般患者集中而影响重症患者的就诊，实施了“私人医生介绍信就诊”、“合作医疗室的就诊预约制”等对患者的就诊提出一些指导意见。基本上到大学附属医院就诊，不是患者直接去，而是采用一般诊所或社区医院（主要指200个床位以下）介绍的方式。

享受生活保护的老人患病时，从政府的福利科（生活保护科）领取医疗券后就可以去看病了。此外，如果医生的诊断结果是需要专业治疗或检查时，带着该医生的介绍信就可以去大学附属医院等就诊。

受各种病痛折磨的老人越来越多，如果得了有害健康的难治之症，则很有可能导致无法工作、没有收入、得不到充分治疗，甚至引起并发症。但是，享受生活保护福利的老人更多倾向于选择政府福利科（生活保护科）推荐介绍的医疗机构。也就是说，和普通老人相比，他们的选择范围可能更小。可以说，经济状况的差异直接导致医疗机构选择范围的差距。

如果没有保险证

由于突然间的“公司倒闭”、“个人破产”、“失业”等，都有可能陷入“贫困”。有人会因此失去收入、家庭破碎、酗酒，成为流浪者，被主流社会所疏远。甚至患病后去医院治疗时，由于拖欠保险费不能享用保险，变为自费治疗，不得不承担高额的费用。

这种情况下，可以向居民证上所登记的政府机构申请生活保护。但其申请未被批准的话，就无法领取医疗证。然而，无家可归最后病倒在路边的老人，因为没有居民证，只能向病倒时所在管辖区域内的政府机构申请生活保护，并且其手续需花费很长时间。

假如路过的好心人把这些无家可归者带到医院，医院会要求陪同人担保医疗费。因为日后未必一定能申请到生活保护。出于热心救了他人一命，可最终却还要负责支付医疗费用。

可以说在既没有保险证也没有支付能力的情况下，救助的人如果要求医院接诊的话，他就要承担医疗费用。所以，陌生人如果发现有人倒在路上且有“生命”危险时，即便附近就有医院，也最好不要轻易送他到医院。因为这种热心会给自己带来麻烦。

因此，在发现有人倒下时，即便自己眼前就有医院，也最好是通报警察或直接叫救护车。经急救队检查判断后，再去医院就诊。但是如前所述，送去的医院里没有大病房的话，哪怕患者情况严重无法动弹，大多情况下也找不到接收的地方。如果最后有大病房可以住进去了，那么被救人即便没有名字和住所，在治疗期间，也很有可能作为无固定住所者被批准领取生活保护费。可以说，对于贫困者来说，是否有空床位决定着他是否可以享受医疗。

四、医院的欠款问题

接收贫困患者的医院很多都面临医疗费的欠款问题。的确，只要是病人，不管什么样的人都要接收，这是医院的使命。但医院毕竟不是慈善机构，经济问题是不能忽视的。

身无分文流浪者的急救问题

不仅是老人，流浪者由于饮食生活不规律、穿着不干净，健康受到影响。且又无法自己去医院，有很多“在便利店里晕倒，被店员通报”、“倒在公园里，被路过的居民或目击者通报”，之后被送进医疗机构的情况。

这种情况下，均是由急救中心帮助这些散发着恶臭、没有钱的流浪者寻找可以接收的医院。然而，急救指定医院通过急救中心的联络仅知道患者的症状、年龄、能否行走等情况，对是否有支付能力等是一概不知的。

被送到医院进行处理后，有人会故意说肚子疼或头疼。如果医院的人跟他解释说不用住院时，他们就会突然爆发，对医院的人大吼大闹，砸东西，喊叫着“我一开始就没想要检查，是你们强拽着我检查的，不是吗?”然后自行离去。这种情况下，医院方面需要花费大量的工夫和时间。

紧急送进医院检查时，没有向医院支付医疗费。几天后，医院发出住院通知书，但由于是无固定住所者的诊疗费，虽然政府会向医院支付部分医疗费，但和损坏器具、医院员工所花费的时间相比，依旧损失甚大。流浪者大多酗酒、沟通协调能力差、患有心理方面疾病，所以医院方面真正的想法是，尽量避免接收这样的人。

另外，有些神志不清而不得不住院的患者，由于衣服邋遢、身体恶臭等，不能马上住进普通病房。首先要检查身上、头发里是否有虱子等寄生虫，在浴室里对身体消毒后，换上医院准备的衣服。若能找到患者的亲属，可跟对方联系，向他们说明患者病情，并询问在患者出院后是否有收留患者的意向。但通常情况下，患者家属的说法是："已经断绝关系，没有任何关系了。我们形同陌路。"

这时，只能由医院垫付日常用品和卫生用具（牙刷、牙膏等）费用。即便之后被批准领取生活保护，医疗费虽然可以得到保障，但垫付的费用大多就成了医院的开支了。

有健康保险证的流浪者

神志不清被送进医院的某患者，因为患有脑梗塞不能立即出院。居民证上写的是神奈川县茅崎市，由我们医院收留了他。以为是流浪老人，收留的时候按照无固定住所的情况处理的，但结果发现有保险证，地址也清楚了。得知本人名下的资产少得可怜，虽然也联系到了亲属，但不出所料，亲属断然说已经没有任何关系。医院方面的支出越来越多，打电话到茅崎的市政府，结果对方说"没有本人或代理人的申请不能办理生活保护手续"。就在这个过程中，患者的病情稳定下来了，不再需要"治疗"，变成需要"护理"了。过了6个月，居民证上的政府机关依旧没有采取任何措施。最后，医院的事务长见患者病情稳定，叫上出租车，让病卧不起的患者睡在后座，把他带到了茅崎市政府的福利科，申请生活保护，市政府受理了。但是，出租车费、睡衣等日常用品费、患者个人承担部分的医疗费，医院依旧没法讨回。通过这个例子我深刻感受到，日本所谓的福利行政没有充分履行宪法第25条"保全社会成员受人尊重的生存权"的职责。

流浪者中65岁以上无工作的老人居多。但如上例被送进医院的人当中，也有一些流浪者有固定住址且加入了保险。虽然可以使用保险，但由个人承担的30%医疗费（75岁以上承担10%）对只有几千日元左右的患者来说，基本没有能力承担。即便和家人、亲属联系，仍旧会得到“就让他那样生活吧”、“被追着还债，我们也是受害者”，拒绝与患者联系。

被急救车送到医院的患者中，有保险证或有一点儿钱、基本能维持生活的人，反倒更有可能不缴纳医院的治疗费用。其原因在于，领取生活保护需要花费时间，并且收留医院和住址所在政府机关距离较远时，繁杂的手续无法灵活处理。

手头宽裕的一般老人

（1）不知是不是喜欢流浪生活，这位老人总爱把捡来的旧书存到东京车站的投币式自动保管箱里，有一天他倒在路上神志不清，被送到我们医院。很快找到了联系人，自称为监护人的律师跑到医院，保证说肯定支付住院治疗费，请先给患者看病。但病人病情逐渐恶化，医生说也许只能再活1周左右，最终在2周后去世了。但是，监护人并没有把钱用来支付医疗费。这是因为该患者的存款全部用于支付东京车站投币式自动保管箱高达2000万日元以上的费用。他的监护人从来没有听本人说过自动保管箱的事，完全是意料之外的事。

（2）某独居老人，与任何人没有交往，病倒在房间很长时间都没有人发现，最终被送报纸的发现并送到了我们医院。老人手头没有一点现金，政府机关的福利工作者按照享受生活保护福利的老人进行了安置。然而，由于病情恶化，不久后就去世了。后来，福利工作者在整理收拾去世老人的屋子时，在榻榻米下面发现了几千万日元。又重新计算以前的生活保护费，医疗费也改由保险支付。余下的钱交给了病人亲属。如果本人有判断能力的话，本该可以过相当富裕的疗养生活。有些人从年轻时候，就为将来的生活存了大量存款，可结果始终没用那些钱，而过着简朴的生活。

（3）某高龄女性出于对老后生活的考虑，认亲戚的女儿为养女，生活得一直很好。后来，养女长大后和一医生结婚了，对老人的生活也有所帮助。因为养女对她的尽孝，老人把自己的养老钱交给了养女丈夫作为其开诊所的本钱资金。原打算等年老了就住进养女丈夫的诊所度过余生。然而，由于医疗保险制度（诊所报酬）的改革，养女丈夫的诊所床位被取消了。后来老人病倒被送进了我们医院。因为没有按时缴纳住院费，要求养女丈夫支付，因自己的养母得病，养女开始为她支付费用。病情稳定后，老人想回到养女丈夫的诊所，希望出院。恰好在这时，养女突然由于劳累过度病倒了。我们医院希望养女丈夫在缴纳住院费用的同时接义母出院，但养女丈夫说："我太忙了，自己妻子又动不了，没法接义母出院。"而且之后又再次拖欠治疗费，让我们医院也很为难。尽管这样，政府机关没有任何反应。最后，我们医院的事务长只能搭出租车把老人送到养女丈夫的诊所里，把她留在候诊室后离去。这是由于医院方面欠款不断增多，已妨碍了医院的正常经营而不得已做出的决定。

五、老年痴呆症的问题

对他人的不信任感

以大城市为中心，30—40 年前建设的大规模住宅区（都营住宅和公营住宅）里，如今住的大部分是老人，很少有孩子和年轻人。比如说，"新宿区户山住宅"、"早稻田近边住宅区"、"多摩新城"等，20 世纪 60 年代住进去的人一直在那居住，现在已成了老人，老龄化比率极高。

我在从事医疗工作的过程中，发现很多老人患有痴呆症，而且"老人护理老人"、"痴呆老人护理痴呆老人"、"独居老人"越来越多。此外，平日没有亲属或任何人护理，去世后才被发现的所谓的"孤独死"也呈上升趋势。

某丈夫患有痴呆，多年来一直由妻子护理，也不跟任何人来往，不接受周围邻居的帮助。因为经济条件较好，所以总担心别人到自己家里，遭他人欺骗。和社会的来往，仅限于一个月一次的医院定期检查。然而，妻子突发脑梗塞去世了。丈夫没法接受妻子的离世，不久后也去世了。两人死后，尸体发出恶臭，引起了附近邻居的注意，这才发现他们去世了一段时间了。以上这个例子就是虽经济富裕，但由于社会人际关系淡薄，所引发的悲惨事件。

此外，还有这样的情况：一个人生活的痴呆老人，常年和周围人缺乏交流，身体状况不佳，也不知道如何求救，身体脱水但一直没被周围人发现，就这样死去了。今后，这样的独居老人也许会越来越多。

从以上的例子中我们不难看出有这样一群老年人：因为自己多少有点钱，担心遭他人欺骗，在这种不信任感的作用下，不愿意利用护理保险，不接受任何人的帮助，最后孤独地死去。

没有现金，但有资产

老人患上痴呆症时，就连医生也很难判断出是单纯的健忘还是痴呆。并且，旁人很难察觉到平时生活正常的老人是否患有痴呆症。

有不少老人没有现金，存款也用完了，已经身无分文，但有房屋或土地等资产，只要把这些变成现金，就完全不至于陷入经济贫困。也就是说，痴呆老人缺乏将资产变成现金的能力，需要在这方面给他们提供帮助。

过去有句话说“不给子孙留肥田”，但如果没有后代，老伴也已去世了的话，患有痴呆且没有能力管理财产的老人，生活方面将陷入窘境。并且，总抱有一种不信任感，担心别人会打自己财产的主意。

就曾有这样一位老人，作为急诊患者住院了，但没有现金支付住院费用，医院好不容易联系到老人的侄子，想办法说服侄子把老人带回了家，最后事情得以圆满解决。能够找到老人的侄子，已经是医院的幸运了。

六、被瞄上了的老人

复杂化的医疗保险制度

最近，由于医疗制度改革，医院方面的保险报销也变得越加复杂，制定了很多细节规定。不雇用专门人员的话，无法开展医疗报销业务。为此，各大医院倾向于雇用可熟练操作保险申请业务的专业人员。我朋友的医院录用的员工，听说也是在大医院有过十多年保险申请工作经验的。

2006年医疗制度改革之后，规定每15名患者必须配备至少1名护士，小型医院也在适用范围之内。不符合规定的医院，不能列入作为住院设施医院的范围内。为了满足新规定要求，扩建食堂、康复训练室等医院面临极大的资金压力。同时各大医院也增加了大量护士人员，基本为每13名患者配备1名护士。

被骗了却完全没有意识到的老人

住在某高级公寓的某老人，患病后不久住进了朋友的医院。但是，新来的办事员对老人说“你住的公寓如果房间不通通风的话，等你出院回去，房间会发霉的”。老人于是把公寓的钥匙交于她保管。然而，过了很长一段时间也不见还老人钥匙，老人只好找康复医师咨询。

该办事员好像从患者老人的存折里取出了大额资金，医院和办事员之间发生了纠纷。因被疑有犯罪行为，医院要求办事员说明情况时，办事员的说法模凌两可，“我给患者推荐恢复精神的营养饮料，她也愿意，我就从银行取钱买给她喝了”。的确，患者也说她喝过营养饮料。

医院警告这位办事员给住院患者买昂贵的饮料，这样做不合适，而办事员也保证今后不会再发生这类事情。医院督促患者老人报警，而老人说“是我求助她的，就算了吧”，而不愿意把事情闹大。

最后，医院让这位办事员提出辞职而把她辞退了。这是一件以单身老人为目标的近似犯罪的事件，很多老人意识不到自己遭受到的伤害，事情总是被糊里糊涂地敷衍过去。

七、老人的医疗保障

患者的就诊难度

在我看来，老人在使用医疗机构时的主要障碍有以下几点。

1. 医疗保险证过期，或是由于未缴纳保险费而不能使用保险。此时，如果能成为生活保护受益人的话，便可领取医疗证，保证最低限度的就诊。但是在大医院等，有无空床位决定是否可以入住。

2. 有的老人和其他人来往较少，即使拥有财产，但没人陪同一起去医院。或者即便需要去医院，也不会引起别人的关心，从而延误了他去医院就诊。大部分身体欠佳的老人，都无法自己联系去医院的事宜。

3. 在医疗机构，除享受生活保护者之外，有的费用需要患者个人支付。但由于资金转账等所需时间较长，所以医院一般不太愿意接收没有身份担保人的患者。也就是说，是否有可靠的身份担保人，决定了是否可以住院。

公平的医疗服务与流浪者

医疗机构考虑到患者的欠款问题，在接收安置流浪者等问题上变得越来越谨慎。这些人不修边幅、散发恶臭、行动粗鲁、被一般患者嫌弃。即便出于善意提供了治疗，但也由于日常生活不规律，病状不会有明显好转。住进医院后很容易和同病房的人发生冲突。不听护士的安排，擅自饮酒进食让工作人员很无奈。此外，还向周围其他患者借钱，甚至擅自冲进单间患者病房里偷东西。

这样一来，对于医疗机构来说，不仅存在医疗费等经济方面问题，身份担保人和患者自身的为人问题，也使医院对是否接受这些人而变得犹豫不定。的确，通过全民皆有保险和生活保护制度，在宪法 25 条的规定下，每个人的最低生活线和医疗使用权得到了保障。不管是享受生活保护者还是享受医疗保险的患者，医疗服务本身是没有差异的。医疗机构可提供最完善最好的治疗和处理，也可以享受到先进的医疗技术。无论是什么患者，都不会使用便宜药物或草率治疗。但如何解决流浪者的问题确实已经超越了医院本身的能力范围。

前往医疗机构之前的问题

然而，为了保证这些制度能够得以实现，还需要在一定程度上对周围环境进行整顿。仅有经济上的保障，未必就能提供充足的医疗服务。无论如何，为了保证任何人都能使用医疗机构，就应当消除前面分析过的那些障碍。否则无法提供一定的医疗服务。特别是，大多数老人身体虚弱，家人也不在身边，在前往医疗机构之前的准备工作，会出现差异。并且，导致这种差异的原因不仅局限于经济条件。

岛本悦次

第九章　老人的最后堡垒是“福利”吗

一、生活保护福利的真实情况

自1992年泡沫经济崩溃后，享受生活保护福利的老人开始增多，虽然短时间内增长势头有所削减，但在2008年秋金融危机的影响下，再次开始剧增。2009年8月，福利受益家庭多达1255257户，刷新了过去的最高纪录。并且，到2009年7月止是1244660户，仅一个月就增加了10597户以上（表9－1）。

表9－1　福利受益家庭的年度统计表（平均1个月）

	2004年度	2005年度	2006年度	2007年度	2008年度
总数	998887	1041508	1075820	1105275	1148766
老人家庭	465680	451962	473838	497665	523840
残疾人家庭 伤病者家庭	349844	389818	397357	401088	407095
母子家庭	87478	90531	92609	92910	93408
其他家庭	94148	107259	109847	111282	121570

总数中包含已终止福利的家庭

根据厚生劳动省《平成20年度社会福利行政业务报告（福利行政报告例）》整理

这表明，每1000个国民中就有13.6人享受福利。但是，公布的福利捕捉率（捕捉率是指，所有需要福利保障的人当中，实际享受福利的人数比率）为大约20%，也就是说上述数字的5倍人数的生活处于福利标准以下①。

从福利受益家庭数的变化可以看出，残疾人家庭.伤病者家庭、老人家庭等在过去占了很大比例，但自2008年后，“派遣问题”、“失业人员”、“失去住所的人”等，使福利受益家庭数发生了很大变化②。如果经济状况不好转的话，可以想象这种趋势今后还将会持续下去，将给自治体的财政带来巨大压力，从事援助工作的办事人员的负担也会加大。

另外，伴随着少子化、高龄化的不断加剧，无养老金或养老金偏低的老人越来越多③，这也是享受生活保护福利的老人数增多的原因之一。特别是老人当中的“贫困”现象有扩大趋势，在这样的环境下，“孤独死”、“老人护理老人”、“痴呆老人护理痴呆老人”等社会问题日益严峻。

二、无家可归的老人终于获救

最近，享受生活保护的无家可归者中，大约半数是65岁以上老人，并且大部分都是单身。过去那些“高龄化日佣劳动者”、“酗酒者”、“由于借款等和家人断绝关系的人”、“不能适应社会生活而逃避生活的人”等，极有可能变成无家可归者。但现今这个时代，过着平凡生活的普通市民，说不定哪天也会变得无家可归。以下是陷入“贫困”状态的一些实例，笔者想就其问题点进行一些分析。

---

① 日辩连《生活保护法修订纲要手册》。

② 与2004年度相比，2008年度被保护家庭总数（一月平均）是2004年度的1.15倍，“其他家庭”是2004年度的1.29倍。与前年同期相比，2008年度的“总数”增加了3.9%，“其他家庭”增加了9.2%（厚生劳动省《2008年度社会福利行政业务报告》）。

③ 2005年止，无养老金的老人（65岁以上）总数多达45万人，其中60%以上都在享受生活保护，该数字在2006年以后进一步加大（日本经济新闻、2008年1月22日）。

搬家导致无家可归（实例1）

大川卓也（78岁，假名）住了15年的公寓由于建筑老化需要重建，被房东逼迫搬出。既没有存款，房东也没有给补偿金，仅剩一个背包的他不得不搬出了公寓。

大川20多年前离了婚，之后和妻子、兄弟也失去了联系。靠养老金（每月大概95000日元），他搬到了市中心。有养老金的时候住在桑拿旅馆，钱花光了就在繁华街道的高楼大厦下过夜，靠赈济（公园里志愿者免费提供的饭食）抵御饥饿。后来实在无法忍受冬天的寒冷，2月份的时候到福利事务所寻求帮助。

由于仅养老金收入无法满足最低生活费，符合生活保护的条件，最后让他住进了“简易住所”①。他有时会迷路无法回到住所，因此怀疑他可能患有痴呆，于是领他去大学医院检查。MRI检查结果被诊断为早期痴呆症。申请了需护理认定，被判定为需支援程度2。虽然人际关系及日常生活方面没有问题，但不知道如何正确服药，最后转入了NPO经营的“自立援助老人院”②。

入住自立援助老人院，虽然可以使用生活保护标准内的费用，但像大川这种有养老金收入的，就得个人负担。社会福利机构的调查人员，每2个月1次陪同其去银行取养老金。如果是需要帮助，还可以享受每日护理和派遣护理员等护理保险服务。

老人如没有工作能力，并没有特别资产，只要申请的话均能享受生活保护。然而，大川既不知道有生活保护制度，也不知道有福利事务所的存在。原本是可以在搬出公寓之前，咨询福利事务所，利用生活保护制度的同时租到新的公寓，不至于无家可归。

---

① 指以旅馆业法为依据的简易旅馆，主要是没有住所的日工工人等将其当成常住的地方并在那生活，被称作“零工住的低级旅馆”。

② 可接受24小时生活援助和医疗·护理等的住宅服务等的无经营牌照设施。

解雇被赶出来（实例2）

户田夫妇（丈夫65岁、妻子60岁，假名）两人一直住在丈夫工作的建筑公司宿舍里，但由于公司业绩恶化、员工老龄化严重，丈夫被公司解雇了。之后搬到妻子工作的饮食店宿舍，但妻子也被解雇，被赶出了宿舍。住在便宜旅馆里，一直寻找提供住宿的工作机会，但没有找到。最后手头的钱都花光了，夫妇两人只能流浪街头。

同是无家可归的朋友给他们介绍了福利事务所，于是夫妇两人前去咨询。户田从事接待客人的行业，辗转于全国各地，从40多岁开始一直住在公司宿舍。3年前，认识了现在的妻子并结了婚。后来与自己的亲属均没有了来往。

福利事务所根据他们的情况，为他们办理了紧急入住生活保护法规定的福利设施“住所提供设施”[①] 入住期间他们开始筹备新生活。两个月后，户田夫妇找到了公寓，依靠领取的生活保护，开始了新生活。曾经用于生活费支出的消费者债务，通过律师进行了债务清还。

据户田夫妇讲没有人可做他们的担保人，他们也不知道民营的信用保险公司里有提供担保人的业务，所以他们从来也没有想过去租住公寓。夫妇二人工作过的公司均是没有上各种社会保险的公司，因此他们也拿不到年金。本打算这样一直干下去的，没想到被解雇了。

患病后无处投奔（实例3）

津田俊夫（65岁，假名），妻子去世后独自经营一个饮食店，但由于生意不好，以至于交不起房租，最后只能放弃了带店铺的住宅，投宿于胶囊宾馆，并开始求职。

自那以后，头疼开始严重，被诊断为脑血管疾病，在大学

---

① 根据生活保护法第38条第6项设置的保护设施，免费为无居所的生活保护受益人提供住所，帮助他们回归社会。入住期间，虽然法律上没有规定，在东京一般是为出现家庭内问题、被迫搬走等紧急状态的家庭提供暂时的紧急性保护设施。因此，原则上来说，入住时间为3个月以内（在不得已的情况下，可以申请延长一次，时间为3个月）。

附属医院做了手术。由于负担不起医疗费，在医院的帮助下，开始接受生活保护。老人的神志很清楚，身体机能也没有什么问题，只是记忆力方面存在一些障碍，上完厕所后不知道怎样回病房。因没有可以看护的机构收留，他暂时住在这家医院。

通常对于需要照看的人来说，“救护设施”① 是最合适的，但由于人员爆满，入住的可能性不大。NPO 自立援助老人院里也没有空位，最后老人入住的医院人员开车花了 3 个小时才找到一家可转过去的医院。

然而，新转来的这家医院一开始就提出，会限制患者活动等，请给予谅解。工作了这么多年，我还是头一次遇到。总觉得工作人员的态度和病房的气氛有些奇怪。

由于没有其他可转院的地方，只能让老人先转到这里了。后来经调查才发现，那是一家存在很大问题的医院。然而，在找不到愿意接收的医院的情况下，只能选择不正规的灰色医院。这件事使我深深地感受到自身力量的有限（作为社会福利机关调查人员）。

为了护理父母，失去工作，无家可归（实例 4）

津岛良太（64 岁，假名），50 多岁的时候离了婚，没有小孩。在工作了大半辈子的单位下岗后，转做清洁公司，后来做到课长，被委托再建分店，于是从自己的公寓搬出来，住进了位于工作地点附近的母亲的公营②住宅小区，和母亲住在一起。之后不久，母亲开始需要护理，咨询了福利事务所，但由于护理设施没有空位，只能接受派遣护理人员，于是津岛辞职回家照顾母亲。3 年后，母亲去世，由于住宅是以母亲的名字租赁的，被人赶了出来。然而，所有的积蓄都用于护理和生活费了，没有钱租借公寓，最后变得无家可归，数月后不得不向福利事务所求助。

---

① 根据生活保护法第 38 条第 1 项设置的保护设施，是让那些在身体或精神上有明显缺陷，无法正常生活的生活保护法受益人入住的保护性设施。

② 日本为解决低收入人群的居住，县、市政府所营建的住宅。以抽签形式租给低收入人群。译者注。

津岛虽属高龄但对接受生活保护还是有些顾虑，最后住进了“自立支援中心”。入住后立即决定去保洁公司工作，3个月后租到公寓开始独立生活。津岛是一个为母亲牺牲自我的有强烈责任感的人，而这种责任感支撑他走过了一段特殊的生活。

这是一起仅由于公共护理设施不足，而以牺牲家人利益为代价的典型例子。倘若福利事务所、社区、支援中心了解掌握津岛的经济状况，在早期提供生活保护信息的话，从小区住宅赶出来时租住公寓的费用，就可以用生活保护费来支付。从事护理的相关人员，除“护理工作”以外，还需要关心各家庭所面临的各种生活问题。

三、护理第一线看到的问题

保证利用福利资源的通道

如前所述的实例1和实例2，这些人没有可以一起商量的亲属，附近的居民和民生委员也没有给予关注，由于工作不固定，公司的同事关系也较疏远，花光了手头所有的钱，老人们最后只能辗转于公寓或宿舍。并且，因为不知道福利事务所的存在，也没法享受作为最后安全网的生活保护制度。直到变成无家可归后，通过接触地方自治团体，才知道有福利事务所的存在，这是件多么可悲的事情。

年轻人当中，由于被解雇搬出宿舍，作为“网吧难民”开始求职的过程中，手头的钱渐渐见底，最后只能求助于福利事务所，这样的例子也有不少。倘若在还拥有住所的阶段，就求助于福利事务所的话，就可以在早期把这些问题解决掉。我们有救助他人的制度，如果不能利用的话，也是没有意义的。[①]

---

① 根据“有关无家可归者自立援助的特别措施法”规定，以确保无家可归者的就业和住所为目的的设施。

免费低价位旅馆的问题

生活保护是以保障居家生活为原则，按照法律设置了“更生设施”①、“救护设施”、“旅馆提供设施”等保护设施，为没有住所或无法自立的人提供目前的生活场所，制定相关制度。

“更生设施”，是以帮助在财产管理、服药管理、与人相处方面能力较弱、很难在家生活的人实现自立为目标的设施。“救护设施”，是为身体有严重疾病无法在家生活的人提供的生活场所。“提供住所设施”是指提供住宅、支援自立的设施。

然而，由于入住的人急剧增加，设施已明显不足。就拿东京都来说，“更生设施”是按照区来划分入住范围的，入住的人平均要等待2个月左右，而“救护设施”则要等上好几年。

为此，为了弥补公共设施的不足，出现了“免费低价位旅馆”② 和“简易旅馆”。“免费低价位旅馆”是免费或低价位向生活困难者提供住所，帮助他们自立的设施。全国共有439家，入住人数为14089人，其中90%的人领取生活保护（厚生劳动省调查2009年6月底止）。

东京地区的免费低价位旅馆最多，据东京都的调查可知，免费低价位旅馆里“利用者的老龄化（60岁以上的占52.5%，其中70岁以上占15%）”、“利用期限的长期化（1年以上的占47%）”问题严重，越来越多的人把它当做从自立支援中心出来或从医院出院后的收容之地。并且，接受社会福利工作人员提供的定期登门指导的老人，大约仅为20%。也就是说自立支援尚未真正的充分的发挥作用，这些地方本来是住宅的中转或等待入住护理设施时的过渡性设施，结果慢慢

---

① 根据生活保护法第38条第2项规定的保护设施规则，让那些由于身体或精神原因需要护理或生活指导的生活保护受益人在不久的将来能够回归社会，对他们提供自立援助的设施。

② 根据社会福利法第2条第3项第8号第二种社会福利机构，“为生活困难者，免费或低价位提供简易租赁住宅，或提供住宅等其他可利用的设施”。只要向都道府县知事（政令市·中核市）申请必要事项，即可办理。

变成了“最后的安身立命之所”。

无法紧急应对

当公立的“更生设施”、“救护设施”没有空位，“免费低价位旅馆”和 NPO 法人运营的“自立援助老人院”也满员时，无处可去的老人即便求助于福利事务所，对于社会福利工作人员来说，也不知道该如何提供援助。此外，警察接到 110 报警电话后出警将居无定所的老人，带到福利事务所也是同样的情况。①

如果老人身体健康，暂且让他们在胶囊旅馆或浴池这样的地方住上几天，勉强可以给他们找到一个地方。但那些需要护理的老人，在没有任何援助的情况下是无法生活的，这时就感到非常的为难。

迫于无奈，在等待公共护理设施出现空位之前，尽管知道社会性住院不太合适，但作为临时避难措施，也只能让他们入住到有空位且相对较远的医院、或是按照生活保护标准答应接收的无证护理设施（参照第 5 章），这也许都是无法否认的事实。

然而，事情并不顺利。过去，接受生活保护者不会出现欠款问题，受到部分医院的欢迎，但是经过多次医疗报酬削减改革，医院经营状况恶化，愿意接收的医院不断减少。有时，将患者带到答应接收的偏远医院后，对方经过详细诊断后却又拒绝接收住院，结果只能把患者再带回公司，为其找住所，一直要忙到半夜。

贫困贸易的抬头

正如媒体报道的那样，在他人失去住宅或工作的时候，乘人之危谋取暴利的“贫困经济”在不断扩大。甚至有大型企业劝诱无家可归的人，说“可以提供餐宿”，让他们住进“免费低价位旅馆”，从发放的生活保护费中，除了收取费用（住宿费、餐费、日用品费用等）以外，还额外收取一些用途不

---

① 东京都福利保健局《旅馆现状调查》，至 2008 年 8 月 1 日止。

明的费用[1]。

有人指出，经营免费低价位旅馆的大型企业在2008年（10月底止）的营业额（免费低价位旅馆收入），与企业最初年度（1999年度）的3亿7300万日元相比，高出11倍多，到达43亿2205万日元[2]。可以说，公共设施的不足成了孕育贫困经济的温床。

无家可归的老人

如前文所述，2009年3月群马县面向老人的无证护理设施“静养老人院四照花玉乡”由于火灾造成10人死亡，此次事件我们仍记忆犹新。入住“玉乡”的22个单身老人中，有15人从东京都内的福利事务所领取生活保护。媒体曾连续报道过该事件，严厉抨击了福利行政当局。然而，不仅是无家可归者，那些领取生活保护独自一人住在公寓，并患有疾病或痴呆的老人们，倘若不能一个人生活的话，由于东京都内按照生活保护标准可以入住的护理设施有限，依旧不得不选择东京都外的这些设施，这就是目前的现状。

截止至2009年1月1日，入住不符合法律规定的老人住宅（包括243家老人专用租赁住宅）等设施并领取生活保护的人，在全国43个都道府县共有14268人，设施共有1437家。从东京都，住进位于都外设施的人，多达517人。（厚生劳动省调查结果2009年4月23日）。

流浪的老人

2004年，厚生劳动省开始实施重视居家护理的相关政策，要求自治体严格控制居住系列五设施（团体之家、特别护理型老人院、护理老人保健设施、疗养医院、护理专用型额定设施）的增长，其中，团体之家的新建数量明显减少。

2006年，制定大幅度削减面向长期住院患者的疗养医院的计划。在普通医院，住院时间越长诊疗报酬越低，为此不少

① 每日新闻，2009年9月22日。
② 《周刊钻石》，2009年3月21日，第54页。

患者被迫出院，无处可去的所谓“社会出院”成为严重问题。不过，这些现象在新政府的政策下得以减缓。

在厚生劳动省一系列政策的实施及影响下，无处可去的低收入老人最终变成了“难民”。从而导致收容这些人的无证护理设施越来越多。

目前，以城市为中心，特别护理型老人院、护理老人保健设施、养护老人院等公共设施不足，有很多低收入老人无能力选择收费老人院。其结果是，只能依靠民间收费老人院或不符合法律规定的老人专用租赁型住宅等，这些地方过度分享了护理资源。

接受生活保护的障碍

接受生活保护的条件是家庭收入（包括养老金收入等）在生活保护标准以下、无存款积蓄或可支配的资产、无法获得家属的援助。（图 9－1）

可领取福利的情况

（由于收入认定额低于最低生活费，所以可通过福利弥补差额部分。）

<table>
<tr><td colspan="2">最低生活费
生活补助（合计）＋住宅补助＋教育补助＋护理费・医疗费个人承担部分（包括住院时的餐费）＋护理保险费</td></tr>
<tr><td>收入认定额</td><td>该部分由生活保护费支付</td></tr>
</table>

不可以领取福利的情况

<由于收入认定额高于最低生活费，所以不能领取福利。>

<table>
<tr><td>最低生活费
生活补助（合计）＋住宅补助＋教育补助＋护理费・医疗费个人承担部分（包括住院时的餐费）＋护理保险费</td></tr>
<tr><td>收入认定额</td></tr>
</table>

图 9－1 生活保护标准的概略图

申请福利时，老人手里的钱（包括存款积蓄）超过福利标准二分之一的部分被认定为收入。国民养老金的领取金额，即便按月全部缴纳，每个月也就大约 66000 日元（2009 年度)，低于福利标准（单身老人的生活补助标准·一级地-1)。大体来说，孤弱老人手头的钱若不少于福利标准的话，则无法接受生活保护。因此这些老人手中连应付紧急情况的存钱都没有。

有自家住房的老人，除了房产价格极高的情况，一般可认定房子为其所有而接受生活保护。但如果可以利用“需保护家庭的长期生活援助金（逆向担保)”的话，则会得到优先考虑。

因此可以这样说，生活保护虽然可以帮助“身无分文”的人，但却无法救济那些哪怕有一点积蓄的人。另外，由于申请福利时需要跟父母·兄弟姐妹等进行抚养咨询，所以不少人因为不愿意让家人知道，只能辞退了申请。

此外老人们认为“不给他人添麻烦”是美德，对于申请生活保护大多采取消极的态度。

四、小结

一直以来被社会所推崇的“困难的时候互相帮助”的团结互助机制，随着地区社会和家庭机能的退化而逐渐消失，而行政成了主要的支持、支援力量。

过去，陷入贫困的原因多是疾病、失业、高龄、离婚等等，但如今，家庭破裂、多重债务、药物依赖、嗜好赌博、发育残疾、护理、家庭暴力、服刑等，其原因趋向于多样化和复杂化。面对这种现状，建立新的安全网是极为必要的。

由于经济的长期不景气而不得不依靠生活保护的人，在将来的日子里还会持续增加。在住民税收入紧缩的情况下，生活保护接受者的人数急剧增长，使自治体财政状况愈加恶化，增加社会福利工作人员人数愈显困难，自立援助已趋于极限。

如果这种情况再持续下去的话，生活保护制度本身也将陷入危险境地。重新审视体制本身，改革生活保护规则，建立生活保护制度以外的新安全网已成为刻不容缓的课题。

嘉山隆司

第十章　不被社会所抛弃

一、老年人的孤独和差距

被社会抛弃的出狱老人

最近，福祉事业办公室来了很多称自己没有去处的出狱老人。罪名多是偷窃或坐霸王车，几乎都是男性。大多都是跟家人断绝了关系，兄弟姐妹已经去世的孤寡老人。犯罪后无人保释，只能按期服役。

这些人出来后无家可归只能求助于保护观察所。但接纳这类老年人的“重新生活保护设施”的数量极少（全国仅有103所），而为了维持运营，设施在挑选入住者时也极为挑剔，导致大部分的求助者都无法被接纳。最后，保护观察所只能资助这些求助者少量金钱，钱花光后，这类老人就沦为了流浪者。

有些人知道求助福祉事业办公室，而有些老人根本不知道这个机构的存在，手上的钱花完后，很多人跑到便利店去盗取食物，只能再次入狱。据说，他们想的是与其身无分文露宿街头不如入狱混个三餐还居有定所[①]。

按理说为了防止他们再犯罪，监狱应该帮助他们寻找住处和工作单位，以确保出狱后能自力更生重新做人。但事实上相

① 山本让司，“服役体验看到的福利现实”，特别区职员研修所讲座，2008年12月10日。

关措施极不完善。但如果不能杜绝他们的反复犯罪，只会增加社会成本，更重要的是会产生新的受害者和影响社会治安。其中还有些老人患有糖尿病，必须按时服药，出狱时监狱却没有让其带走药物，以至于老人在福祉事业办公室晕倒才被救护车送到医院治疗。可以说监狱方面丝毫未从人道主义角度为出狱者考虑。至少也应该让出狱的患病者带上一些药，给智力不健全者配上一本生活必需的医疗保健手册吧。

还好，国家从2009年开始在各都道府县建立“地区安定生活援助中心”，与司法部门和社会福祉部门携手创建帮助出狱者的“地区安定生活援助事业”。与司法部门和社会福祉部门合作当然是很有必要的，但笔者认为首先应该增设更多的帮助出狱者在社会上自立的重生保护设施。

老年人与就业机会

正值劳动年龄段的人怎么都可以获得一个工作职位，在社会上获得一席之地，被社会孤立的可能性很小。就算是人际关系糟糕的人，只要继续工作跟社会的联系就不会中断。

但是如果被中止合同，失去工作，就算是劳动年龄段的人也无法再维系与社会的联系。就像“网吧难民”、“失业临时工”一样，失去工作机会的人极易陷入贫困状态[①]。从这个意义上来说只要完善的雇用政策（包括住所）解决了这些人的再就业问题，劳动年龄层的贫困问题也就迎刃而解。

但如果是老人的话，这个问题就不那么好解决了。年龄越大，也就越不容易寻求到职场这个空间。过了75岁后，能够继续工作就只有少部分企业高层人员了（图10－1）。

生存防护网——“人和人之间的联系”

人活在世上不仅需要空间意义上的“house（房屋）”，还需要能够交流的精神上的“home（家）”。有人租了房，明明可以好好生活，却再次回到公园过起流浪者的生活，就是因为

① 宇都宫健儿、汤浅诚编著，《派遣村——正在诉说着什么》，岩波书店，2009年，第22页。

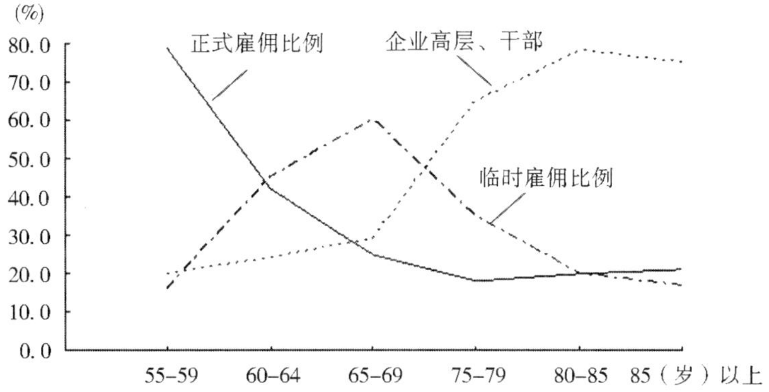

根据总务省《就业构成基本调查（2007年）》制成

图 10－1　老年人雇佣形式（分年龄段）

不愿失去精神交流的场所。笔者当然不赞成这种做法，但是非常理解这种宁愿跟大家一起餐风露宿也不愿独自一人吃饱喝足的心态。

其实换个角度思考的话，人和人之间的联系不正是最有效的生存防护网吗？无论保障生存的物质设施多么完善，如果不能保证生活中人与人之间的交流和联系都将毫无意义。2008年《犯罪白皮书》显示，刑事罪犯中老年犯的比例从1988年的2.5%激增到13.3%，其中盗窃财物比率达65%，夺取他人自行车的占了22%，大多罪名并不严重。对此，有学者分析认为迫于经济压力和对社会的不安心态导致了老年犯的增加。媒体报道称："为了避免老年犯的不断增加，国家和地方政府有必要与全社会一起在让老年人生活安定的前提下，不断完善福利政策、帮助老年人就业给老年人营造一个能够尊严生活的环境。"①

重生保护（法务省主导）的宣传画报上大大地写着一个标题"有人相伴，你能够改变"，标题的旁边写着一行字"拥有归宿感是避免重新犯罪的第一步"。在如今的老年社会里，构建独居老人的交流圈已成为刻不容缓的事情。

---

① 朝日新闻，200年11月7日版。

老年人的贫困和孤独

90%享受政府低保的老年人都是单身一人。但现行的低保政策虽然在金钱上可以给予一定帮助以缓解贫困却解决不了老年人的孤独问题。

笔者曾访问过寄居在临时打工者的聚集地——山谷地区简易旅馆（俗称小旅馆）里的低保户们，目睹了傍晚时分低保老人和下班回来的临时打工者交替使用灶台，愉快交谈的场面。

小旅馆只是临时住所，有能力租房的人陆续搬走了，可是对于他们来说在小旅馆里与有着共同遭遇的老年人其乐融融、相互体谅、获得共鸣的生活，使得他们产生了归属感和安心感，那里就是他们的“家”。事实上，有着这种想法迟迟不愿搬出小旅馆的老年人有很多。

在山谷地区，为了帮助出狱者重塑生活，政府还设立了街头简易型“生活重建咨询处（重生保护法人）”，它的主要功能有帮助寻找住处和就业机会、完成低保申请手续、援助上门护理和医疗服务等①。此外，还有某NPO法人设立了自立生活援助中心，着力帮助那些流浪者或其他被孤立在社会生活之外的人构建新生活。

另外，笔者还曾遇见过一位70多岁、经常上小酒馆的单身女士。她自带酒杯，每次都坐在相同的位置，与酒馆附近的老年人和其他年龄段的人们把酒言欢。

这位女士一个人住在距离小酒馆几分钟路程的大宅子里，每次离开酒馆时，都有人自愿护送回家。她对老年人聚居的公共养老设施一点兴趣也没有。笔者却觉得常去的那家小酒馆就像是她精神上的“家”和白天照看所一样。即将步入老年的“团块一代”（出生于1947—1949年的人）退休后是不是也应该学学这位女士去寻找自己能够融入的地方呢。

笔者认为今后应该多多增设街头简易型设施。离老人们的住所近，老人一去那儿就能够看到自己熟悉的朋友和护理人

① 朝日新闻，2009年8月28日版。

员，这样的设施越多越好。对于这些被孤立在社会生活之外的人来说，能够融入的团体才是他们所需要的。

贫困率调查

2009 年 10 月 20 日，厚生劳动省公布了相对贫困率的年限变化。根据标准，不足人均可支配年收入中间值一半(228 万日元）的人群即为相对贫困。2006 年普通人的相对贫困率为 15.7%，儿童的相对贫困率为 14.2%（表 10－1）。

表 10－1　日本相对贫困率的年限变化

	1997 年	2003 年	2006 年
贫困率	14.6	14.9	15.7
儿童贫困率	13.4	13.7	14.2

根据厚生劳动省 2009 年 10 月《相对贫困率公布数据》制成

我们知道，孤寡老人的低保为每月 13 万日元，那么从此可以看出公布的相对贫困率数据过低了，即使是这样，七个老年人里面就有一个是相对贫困者，每月仅靠不足 10 万日元的收入生活。当然，由于没有将资产、医疗、护理等实物供给计算入内，也不能说他们一定就只靠 10 万日元度日。

在本书的第一章里笔者就提到老年人之间的收入、资产有着显著差距，仅靠养老金生活的老年人生活十分艰苦。并且，他们还跟其他老年人一样需要自费一成到三成的医疗、护理等服务费用，无资产仅能领取少量养老金的老年人生活之艰难就可想而知了。

二、有关“贫困”、“差距”问题的相关学说

所得再分配功能

社会保障制度的最大目的就是实现所得再分配功能，当老年人和残障者无法依靠自身从市场获得基本的配给时，就需要社会保障制度发挥再分配功能。

这里说的“所得”既包括养老金和低保等金钱供给，也包括医疗、护理等实物供给。除此以外，能够提供居所的住房

政策对老年人群体也具有重要意义。

一直以来，在谈到老年人的贫困和差距问题时，第一个想到的就是养老金和低保等金钱供给，医疗和护理都落后于此（图10－2）。但对待老年人问题，笔者认为不应该像对待一般人那样优先考虑养老金等金钱的供给，更重要的是确保医疗、护理等实物的供给。当然，老年人也需要货币来购买生活必需品，但当他们一旦开始需要医疗护理服务时，无论金钱方面如何有保障，仅靠老人自身的力量是很难转换成他们所需要的护理服务的。

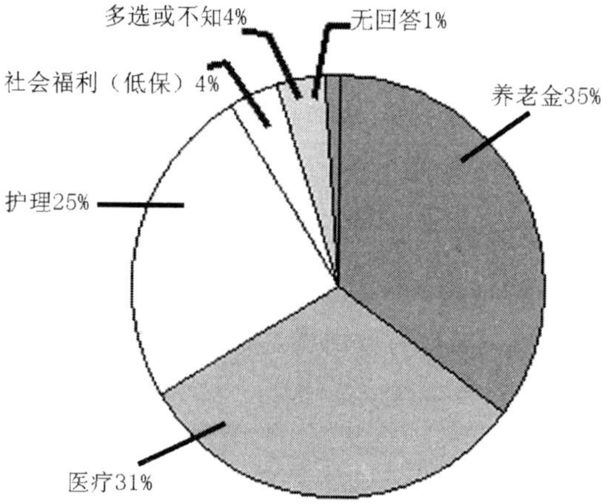

2009年10月起一个月间笔者对204名市民的调查结果

图10－2　一般市民对养老金、医疗、护理的重视程度

比如一个患有老年痴呆症的独居老人，即使养老金每月按时打到了其银行账户上，但他却很难获得实际的护理服务。这个时候他需要的是有人帮助他将货币转换成护理服务。以前这个功能都是由家人和周围社会来实现的。但就像本书的第一章里笔者所提到的那样，如今这个功能正在逐年减弱。

也就是说，仅靠基尼系数和相对贫困率是无法完全了解和测量老年人差距及不平等程度的。

阿玛蒂亚·森的潜在能力

诺贝尔经济学奖获得者阿玛蒂亚·森（Amartya Kumar

Sen）认为金钱及货币的支配只是达到社会福利这个目的的手段，其本身从来就不是目的[1]。评判一个人是否享有社会福利，阿玛蒂亚·森认为是看此人拥有多大程度的潜在能力[2]。这里说的潜在能力包括是否能获得充足的营养、是否处于健康状态、是否能预防疾病、是否参与社会活动等内容。

也就是说，社会福利应通过潜在能力来评判，以货币为中心的所得再分配并不一定能充实以老年人为首的社会弱势群体的生活。说到底，货币是实现个人福祉的手段，不是目的。无论多么充实的金钱供给制度对于需要医疗和护理的老年人来说不过是废纸一张。

如今，国民对将来的晚年生活极为不安，但无论政府怎么减税，也只是增加了国民存款，根本达不到预期的效果。同样，上调老年人的养老金金额，没有改进医疗护理服务的话，全社会对于老年生活的不安心态依旧无法缓解。

当然，老年人中也有相当一部分人身体健康、积极参与社会活动、潜在能力强。社会上不提医疗、护理，一味呼吁提高货币等金钱供给的声音也很多。但是，与劳动年龄段的人群相比，老年人潜在能力会逐渐减退，并会随着年龄的增长变得越来越弱。所以，笔者认为如何公平地维持老年人的潜在能力是老年人政策的重要课题。

换句话说，社会保障制度如果不能补足老年人的潜在能力，就会出现很多无法利用医疗和护理等服务的老年人。具体地说，这些功能正是依靠政府福利工作调查员、护理经理人、社会福祉士、护理员（服务提供责任者）、生活咨询员（养老设施）、民生委员、志愿者来得以实现的。

社会的排挤和接纳

在讨论贫困问题时，经常会提到社会排挤和接纳两个概

---

① 阿玛蒂亚·森著，铃村与太郎译，《福祉经济学》，岩波书店，1988 年，第 44 页。

② 阿玛蒂亚·森著，池本、野上、佐藤译，《不平等的再探讨》，岩波书店，1999 年，第 59 页。

念。如何定义社会的排挤，各方说法很多。其中岩田正美认为不应该将缺乏生活必需品和服务等资源的贫困作为问题的核心，而应该着眼于社会关系的缺乏①。她认为这种意义上的排挤指的是被排挤对象抗排挤能力的逐渐缺失。那么，老年人就极易成为社会的被排挤对象。

特别是，就像前面提到的那样，老年人就业机会少，家人、朋友等可信赖的人先自己而去，社会联系越来越少。而且，被称作生存防护网的社会保障制度也对无养老金者、拖欠国民健康保险费用的人申请低保竖着高高的栅栏，导致不少老年人被社会排挤在外。

同时，岩田还谈到“社会的排除”与“孤立”并不一定是同义词②。孤立指的是其个人，造成的原因不一定是社会。

例如，有的老年人明明需要医疗和护理等服务，却一味拒绝，自己将自己的生活陷入极其恶劣的境地。当然，如果该老人是因为患有痴呆症才有此动作，那么该是社会的责任。但如果意识清晰却拒绝服务的话，那就只能说是个人的原因了。

另外，有学者指出一谈到社会的接纳，往往容易理解为只帮助被排挤对象进行再就业③。还有人说社会接纳作为社会排挤的反面应该与 basic income（基本所得）论联系起来。所谓 basic income（基本所得）论是一项强调公民权无条件支付金钱的社会援助制度④。

但如果被排挤对象是老年人，笔者认为比起谈论如果就业和增加收入，首先应该保证如何保持与社会的联系。也就是像岩田所指出的那样，将参与社会劳动等同于参与社会是不对的，也是不妥当的⑤。

① 岩田正美，《社会排挤》，有斐阁，2008 年，第 23 页。

② 岩田正美，《社会排挤》，有斐阁，2008 年，第 55 页。

③ 福原宏幸，“社会排挤和接纳论的现在和展望”，《社会排挤、接纳与社会政策》，法律文化社，2007 年，第 31 页。

④ 橘木俊诏、浦川邦夫，《日本的贫困研究》，东京大学出版社，2006 年，第 300—303 页。

⑤ 岩田正美，《社会排挤》，有斐阁，2008 年，第 175 页。

三、符合一线情况的最低生活保障行政

低收入者的最后的保障在于最低生活保障行政——生存防护网所发挥的作用。但事实上这种作用并没有得到很好的发挥。

降低申请条件

要建立老年人自立的社会，笔者认为政府首先应该降低低保申请条件。比如，不一定要求申请低保者的手头资金需低于低保基准的二分之一，只要金额能使生活维持在一定程度上就可以了。再比如在调查是否有父母或兄弟需要抚养时，应考虑如今家庭构成的变化和申请者的心情，采取更为灵活的方法。

现在低保户人数大增，实际负责各低保户的政府福利工作调查员的工作量也随之加大。从补足低保老人的潜在能力这一角度考虑，政府福利工作调查员的责任重大，当然多少有些地区差异，但为了对低保对象进行最低限度的援助，政府应限定每位政府福利工作调查员负责的人数不得超过 60 人。

制定符合现实的低保基准

国家从 2005 年起开始实行帮助弱势群体在社会上和日常生活中自立的新计划（自立支援计划），但同时从 2006 年起取消了低保老人的老年补助（每月 17930 日元 = 东京都区一级地区）。

而这一政策给老年人的生活带来了哪些影响呢？有的老人因为没钱随礼不再参加亲戚和邻居的红白喜事，随之减少了娱乐活动和与亲戚和邻居的来往，甚至有的老人开始闭门不出。为了避免这样的社会孤立现象发生，政府是否能够考虑在低保基准里加入一些交际费用呢。

增设公共设施

据统计，全国共有重生设施 19 所，每个设施能容纳 177 人（东京都 10 所）；救护设施 188 所，能容纳 17158 人（东京

都10所)；住所提供设施10所，能容纳796人(东京都6所)。最近5年间救护设施增加了10所，重生设施没增加一所(2007年度厚生劳动省《社会福祉设施调查报告》)。

在东京，只提供住所的设施有时还会有空位的情况，但其他设施经常处于满员状态。为了让女性咨询中心和儿童咨询中心暂时收容的无家可归老人能有一个容身之处，希望政府能够尽快增设相关公共设施。

为优秀的民间设施提供补助

东京出现了一些帮助弱势群体自立和生活援助的优秀NPO法人就业援助组织。这些组织以半年为期限帮助入住者找到工作，租到房子，让其重回社会。

这些NPO民间设施依靠入住者所缴纳的低保费用艰难地维持着运营，却提供着细致周到的自立服务(重生设施除了低保费以外，还有额外的财政支援来支付职员工资等设施运营经费)。

规范“贫困”产业

很多人指出现存的“免费低额住所”存在各种各样的问题。这些住所可能是打着救助旗号妄图赚取低保对象低保费用的谋取贫困人钱财的产业。假如真是这样，政府就不能放任不管，应该立即予以制止或规制。

比如，制定运营和设置的相关基准法规，准许“免费低额住所”可以不提出申请让政府备案，但一定要获得资格许可和行政认可。责令其必须配备福利人士等专业人员，按重生设施的要求去完善相关的配套设施。

让老年人能够顺利搬家

低保老人租了其他地区的房子，前往搬入地区政府福利事业单位办理低保转移手续时，一定看见过政府福利工作调查员脸上的复杂表情。说实话，除了特殊原因，哪个福利事业单位都不希望别的地方的低保户转入自己负责的区域。流浪者或其他低保户的转入会关系到地方财政和工作人员人手配备问题，所以低保转移手续无法顺利完成。

有些地区低保户数量激增使地方政府不愿接受新的低保户搬入。如果是因为这种情况的话，那么国家应该考虑增加最低生活保障相关的行政人员，构建一个确保低保户能够轻松搬家的福利系统。

四、再论社会保障制度

重新审视契约主义式的社会保障制度

对老年人来说，医疗和护理是不可缺少的服务。但是，这些服务如今制度上都是基于社会保险制度，基于契约的制度。当然并不是说在医院看病时不签合同就无法接受治疗，但是若没有健康保险证确实是看病无门。而且，除了少部分严重的精神病患者外，其他人如不自己要求和申请就无法享受医疗服务。虽然现今的医疗服务是通过健康保险证来完成的，但在住院时，选择是否入住单间病房等保险外服务有时决定了患者能否享受保险内服务。一般认为日本是国民人人有保险的国家，但保险外的契约制度使得患者的医疗服务选择权产生了差异。

无论是在家或在养老设施，护理服务都是护理保险服务占据主导地位，基于老人福祉制度的服务除了少部分地区外几乎无法利用。可以说护理服务几乎全是契约式的护理保险制度的天下了。

无论是独居的痴呆老人，还是家庭关系、人际关系糟糕的老人，想要利用护理服务就必须要签署“契约书”和“重要事项说明书”等多项文件，如果没有填写这些书面资料的话就无法利用护理服务。但这种契约式的护理服务应付不了所有的福利性护理需求。

此外，护理保险制度将接受服务的一方和提供服务的一方的关系设定为完全对等的关系，这也是有问题的。的确有需要对等的时候（灵活运用成年人监护人制度），但多数需护理者并不熟悉规定复杂的护理保险制度，想要完全依赖其自我判断来申请服务笔者认为是不现实的。

现存的大部分医疗和护理服务都是根据契约所提供的，但笔者认为属于福利性功能的服务也应该同时存在。所有的老年人跟服务提供者都是对等的关系这种设定本身就是有问题的，所以，以此为基础所建立的社会保障制度也是有问题的。笔者期待国家应将医疗和护理服务的福利性功能和契约性功能重新进行整合并做出适当的调整。

再谈社会福祉制度的意义

曾经在护理保险制度还没有实施之前，日本实行的是政府行政措施福利制度。服务的提供者和负责人主要是政府部门，经费也不一定非要限定在预算内。有人指出这种形式的福利制度存在效率低等弊端，但起码公共性护理服务是得到保障的。

而且在此之前，当因家庭虐待或老人痴呆带来处理困难时，行政部门会不顾利用者和家人的意见强行（介入）提供护理服务。但当护理服务社会保险化（契约化）后，政府的这种强行介入功能大大弱化。

因家庭虐待而进行行政强行干预让老人入住特别养老院的事例越来越少，大部分地方政府都不再积极主动地介入护理一线。从这个意义上来说，笔者认为有必要恢复护理服务的福利性功能。

老年人当中有很多人在需要护理服务时无法依靠自己的力量获得医疗和护理服务。而挖掘这些潜在的需求，提供相应的护理服务不正是社会福祉[①]所应该做的吗？

再论特别养老院的功能

前面提到过，特别养老院是最受欢迎的养老设施，目前约有 40 多万人等待入住。当然，一位老年人同时提出申请的养老设施一般都超过两所，所以 40 多万也不是绝对精准的数字。但可以肯定的是从申请到入住要等上好几年的时间。特别养老院制度上属于护理保险制度，但也同时具有社会福利制度的功能，那么它就应该担任起救助低收入人群的扶贫功能和应付突发事件的社会福利功能。

---

① 这里的福利包括官方和非官方两部分。

但现实是，2006 年以后新设立的特别养老院，除了极少部分外，全部建成了单间。不再增设传统的四人间特别养老院。这样一来，虽然有政策规定可给予低收入者一定补贴，但事实上低保户和低收入者很难住得起这样的单间。设施方面从经营角度考虑也倾向于接收每月固定有 15 万日元左右支付能力的入住者。

笔者认为要依照现实情况，政府应同意增设低保户和低收入者负担得起的四人间特别养老院，以应对扶贫性护理服务需求。一味地增设单间特别养老院，低收入者无法入住的可能性会越来越高。的确，从居住环境考虑单间比较好，但据笔者调查，有的受访者认为从经济角度考虑，四人间完全可以接受（图 10－3）。

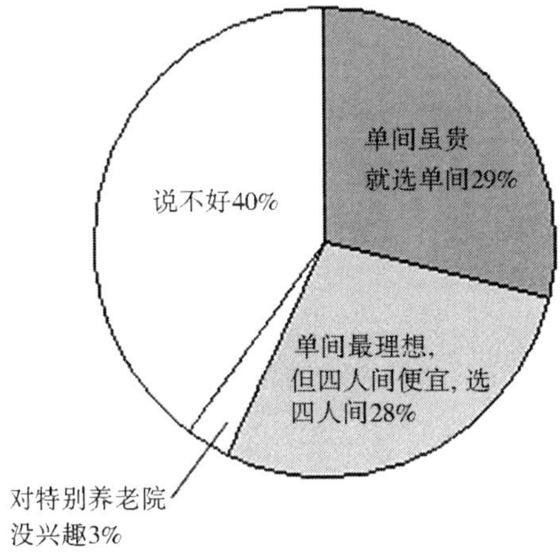

2009 年 10 月起一个月间笔者对 559 名市民的调查结果

图 10－3　对特别养老院倾向单间设置的看法

当然，适合老年人的专用住宅和收费养老院等多种多样的社会资源的重要性也是不言而喻的。但上述的这些设施除了厚生年金的领取者外，很少有人能负担得了。经济限定了这些设施的社会服务程度。就算不管贫富差距，适合老年人的专用住宅也无法应对瘫痪病人和重度痴呆老人。所以，对于低收入者来说，只有特别养老院才是唯一的出路。

养老金和医疗、护理服务系统的再构建

为了使老年人过上安定的生活、缩小其生活的差距，光靠货币服务是远远不够的。首先应该给老人们提供一个能够安心使用医疗和护理服务的环境。

那么，就有必要让所有国民理解医疗、护理服务对老年人来说比养老金更为重要的现实。只有这些正式或非正式的福利事业支援者才能更多地接触到老年人，才有可能发掘出更多老年人所需要的潜在服务项目。

因此养老金不是转化为实物的服务，靠其帮助老年人这个弱势群体是不可靠也是不可能的。

最低生活保障和社会保险制度之间

经过前面的论述我们可以知道，每月领取6万日元养老金，拥有200万日元左右存款的老年人，晚年生活会比低保户还要艰难。低保户可以免费享用医疗和护理保险服务（医疗救助及护理救助），但仅靠养老金生活的老人们却要自己负担，用剩下的为数不多的钱生活。

那么，国家是否可设立一项“老年人、低收入者医疗护理负担免除制度”呢？免除那些收入不高的非低保对象的护理医疗服务费及保险费。如果一些不够资格申请低保的低收入人群能被免除医疗护理个人负担部分和保险费的话，将会缩小贫富差距。

例如，界定的标准可参照之前厚生劳动省用于计算相对贫困率的人均可分配年收入的中间值（228万日元），年收入不足中间值一半的且存款或资产低于200万日元的人可申请免除医疗护理服务费用及保险费用。之所以将存款的基准定为200万日元，是从办理后事的平均花费来考虑的（表10－2）。

表10－2　东京都内葬礼花费调查

平均花费	345.8万日元
最高花费	1650万日元
最低花费	35万日元

根据东京都社会文化局《葬礼费用调查报告书》2002年制成

如果实行此项制度，一部分老年人不用申请低保就可享受免除医疗护理服务费用及保险费用的优待，也不用担心自己被烙上低保户的印记。而且此项制度还可以消除现行社会保险制度所存在的“支付多少才能获得多少”的弊端。

构建一个接纳老年人的社会

想要消除老年人之间的差距，光靠完善医疗、护理服务等实物供给服务是不够的。在此基础上要努力构建一个能够让老年人在社会中愉快生活的环境。

以前家庭、社区扮演了这个角色，但由于近二十年来人口结构、生活结构所发生的巨大变化，使得这种情况不得不随之改变。因此重新构建老年人的住宅和地区的交际场所就变得极为重要了。

具体的做法可包括，设立可供该地区居民聚会的沙龙（茶楼或早市）、建立看护志愿者制度，积极利用非官方的社会资源将他们规范化、规模化，积极构建可供人们认识、交流的场所。

如果让官方组织来负责构建这样的交际场所可能有些大材小用了，这时就应利用志愿者和NPO法人等社会资源的力量。但是，需要指出的是非官方组织财政方面不稳定，很难长期从事某种服务工作。当然也有一些非官方组织做得很好，持续时间长，但这是其领导者尽力筹集善款的结果。可以说是建立在某些牺牲之上的。

此外，这些非官方资源也有可能被当做公共服务的替代品，被政府当成节约行政成本的手段。从这个意义上来说，如果在财政供给和组织上官方不确保一个下限，高效的官方组织运作也就不可能实现。

只有构建了这样的交际场所，能够利用医疗和护理服务的老年人才会增多，受社会挤压排挤的人才会越来越少。

改善住房条件

确保老年人有一个住处是极其重要的问题。为解决这个问题，笔者认为可以增加政府修建的公营住宅。但如果修建的公营住宅专门面向独居老人都是1居室，住在里面的独居老人偏多的话，交际场所的构建就会出现困难。为了避免这种情况，就必须在一栋房子里既修建3居室也修建1居室，让劳动年龄段的家庭可以和独居老人住在同一栋楼里。

为了解决失业问题，2009年10月，厚生劳动省开始实行一项名叫“住宅补贴紧急特别措施事业”的紧急雇佣政策。帮助那些因失业失去住处或可能失去住处的人群。这类人群可按低保住宅救助特别基准领取住房补贴，最多可以领取6个月。当然也有一定的领取条件，但不用像申请低保一样接受资产调查（申请资格审核）。可以说是失业时仅次于失业保险的第二道生存防护网。

目前，60.9%的低保户住在租来的房子或房间里（1960年为37.1%）；19.8%的低保户住在第二种公营住宅里（面向特困阶层的政府建房），租房的低保户有所增加①。此外，租赁住宅因怕被拖欠房租也不愿意老年人入住。

为了不让国民担心退休后的老年生活，能够安然度过晚年，笔者希望政府能够尽快制定面向低收入老人的住宅支援政策，例如增设面向低收入老人的公营住宅、向民间征借住宅供老年人居住、发放房租补助等。

无可避免的财政负担

今后想要扩充护理保险服务内容，完善福利制度（主要是扶贫性护理服务），没有财政支援是无从谈起的。也就是说，只有通过“上调保险费”、“增税”或“将自费部分从10%上调到20%”等手段来筹集财源。

当然，减少政府的无用开支也是途径之一，但为了实现前面的提案，现在就必须要增加每位国民的负担。2009年年底，新政权（行政刷新会议）根据公约要求各事业单位按预算要求缩减开支。这样做对节约财政支出多少有些效果，但还不足以保障能够扩充社会保障政策。此外，政府还准备上调烟草税，就算按预想的将每盒300日元的税收上调到500日元，也

---

① 《低保入门》，2009年度版，第一法规，第26页。

最多不过能够多出5000亿—1.4兆日元的财政①。

从长期考虑，只有增大国民负担、增加税收才能保证完善的医疗护理等服务事业工作。据人口预测估算，2055年日本的老年人比例将超过40%，如果不阶段性地大幅增大国民负担以保证财政，医疗护理服务事业的改革和完善根本无法实现。尤其是护理保险制度、福利制度及保健制度（主要为护理关系）的并行（表10－3）必须要护理保险财政的10%左右的税金来支撑。

表10－3 新护理服务制度构图

制度名称	护理保险制度	福利制度（原安置福利制度）	保健服务
服务内容	一般的护理服务负责竞争原理适用的领域	扶贫性护理服务（在家或在设施） 负责竞争原理不适用的领域 面向低收入人群的医疗、护理服务制度	护理预防为中心的服务
服务负责人	民间供给为主体（包括社会福祉法人）	公共机构为主体（地方政府、社会福祉协议会、社会福祉法人等）	公共机构为主体（包括民间委托）
财政来源	社会保险费＋税收	税收（护理保险财政的10%左右）	

只靠上调保险费作用是有限的。那么法人税、继承税、环境税等税制改革再加上上调消费税等增税举动就无可避免了。

五、构建全体市民共同承担的社会

人都会年老，谁都有可能因突发事故或患病失去生活能力。要想解决老年人所存在的问题首先需要每个人试着站在老

① 依田高典，“香烟1000日元的经济学——对大幅增税的疑问”，京都大学大学院经济学研究科，2008年；五十岚中他，“增收烟草税对总税收的影响估算”，《禁烟科学》第二卷三号，2008年。

年人和生活贫困者的角度换位思考。

比如老年人的社会孤立感如今被当作社会问题，大家可以想想假如自己是老年人，是否会满意现在的白天护理服务，想想自己住惯的地区是否有足够让老年人安定生活的交际场所。

其次，企业作为社会的一员是否也应该考虑考虑老年人的问题呢。笔者的亲戚里有位已经93岁的老人，一个人住在自己住惯的家里，幸好有白天护理、上门护理服务和邻居们的照顾，再加上搬到附近的亲人们的支援，独居生活过得还算不错。

某日，老人家的电视坏了，拜托笔者去家电卖场买台新电视。结果卖场里尽是面向年轻人的高性能新机型，考虑到老人不会使用遥控器，笔者为了寻找以前的老机型费尽了千辛万苦。半年前老人家微波炉坏时也是同样的情形。商店里怎么也买不到旧机型，最后只好寄望于二手货商店。像她这样患有轻微老年痴呆症的老人记不住新东西，只能凭着长年的习惯使用家里的旧电器。

通过上面这件事情，笔者意识到企业一味谋求如何占取市场，在生产商品时忘记了对老年人的关怀，只重视年轻人追求的便利性，不知不觉间形成了一个不适合老年人居住的环境。

实现老年人（社会弱势群体）的安定生活和便利应该是我们全社会共同努力的方向。笔者并不是不考虑盈利和是否合算，但企业在生产商品时能否考虑到这些弱者呢。这就是所谓的企业社会责任，也正是社会接纳弱势群体的具体体现。

结城康博　嘉山隆司

结　语

最近，电视和电影院里正在播放《ALWAYS 三丁目的夕阳》、《不毛地带》、《官僚们的夏天》等以 20 世纪 60 到 70 年代为背景的电视剧和电影。这些电视或电影唤起了笔者的一些童年记忆。其实，笔者的童年应该是 70 年代初期，那时日本已经进入发达国家行列，跟上述电视剧的时代背景略有不同。但因为笔者是在小村庄里长大的，所以电视剧里播放的场景还多少有些印象，所以感到有一种亲切感。

笔者也曾就那个年代的情况请教过在大学里担任教师的学长。据他说，那时候被社会排挤的人很少。如果有人生活有困难，不用出动政府官方力量，亲人、地区等非官方力量会首先施以援手。如亲人间的救助发生困难时，政府行政力量才会介入。跟那时相比，如今的非官方力量已不再发挥作用，也正因为这样，求助行政力量的人数才会剧增。

我已经 40 岁了，正是承担社会责任的年纪，也是必须要为社会作出贡献的年龄。想必经济高度成长期正处于 40 岁年龄段的人们当时的责任更重，工作更多，但他们都是怀着对未来的希望努力地工作。

而三四十年后的今天，他们的生活却存在着巨大差距。他们年轻时生活肯定也是存在差距的。但在那个经济增长的年代，中流意识是日本全体社会的共同记忆，虽然存在着差距，但大多数日本人认为日本社会是平等的。在他们年老的今天，不知他们对现代社会是否会有同样的想法。我想肯定是感到差距巨大吧。

但这个问题却没有引起社会的足够重视。一般提到“贫困”和“差距”问题时，大家就会想到儿童、未成年人和失业人员，媒体会大量报道，社会关注度也高。老年人的贫困问题和差距却没有引起人们的注意。人们普遍认为老年人的生活大都能得到社会保险、福祉制度等的保障，过着衣食无忧的生活。

实际上当我步入 80 岁时，也就是 40 年后的 2050 年，日本的老年人比例将达到 40%。我想那个时候老年人之间的贫富差距问题有可能比现在还要严重。

因此，对于老龄化程度不断加深的日本社会来说，老年人的贫困差距问题是重要的社会问题，也是必须要解决的难题。如果不从现在开始实施有效的解决措施，老年人之间的贫困差距问题就永远无法解决。

然而，如何制定长期有效的高龄者政策才能解决这个问题呢？2009 年政权交替，政府也向着重视生活型方向转变，但方向尚不明确。政治的作用固然重要，但最终还是需要每位国民思考日本应成为什么样的国家。要完备福利制度就必须要扩大财政来源，而每位国民对今后负担的加重必须要有清醒的认识。

最后，笔者希望在迎来人生最后时光时能够生活在一个人人平等的国家。

2010 年 2 月

执笔者代表

结城康博

作者简介

结城康博 1969 年生。淑德大学社会福利学部毕业，法政大学研究生院经济学硕士课程修了、政治学博士课程修了。现为淑德大学副教授。研究方向：社会保障理论，社会福利学。专著《医疗的价值》（岩波书店《护理——来自现场的证言》等。

嘉山隆司 1952 年生，法政大学法学部毕业，现为东京某所福利事务所工作。从事社会救助工作 20 余年。与人合著《福利事务所办事导航》（晓星出版社）。

封底语

“善终意味着一生的幸运”而现在日本的养老人群众却出现了“差距”。经济高速成长期拼命工作却有贫富差距，这种差距不仅仅是经济收入的，而且延伸到退休后的医疗和护理这些福利性的服务领域。

——结城康博

执笔者介绍

结城康博：（第 1 章、第 10 章）
嘉山隆司：（第 9 章、第 10 章）
石井郁子（第 3 章）
峰田幸悦（第 3 章）
鉾丸俊一（第 4 章）
笹川泰宏（第 5 章）
山下真实子（第 6 章）
米村辉子（第 7 章）
岛本悦次（第 8 章）

图书在版编目(CIP)数据

日本老年人的生存困境:来自一线的报告/(日)结城康博,(日)嘉山隆司编著;周洁等译.—北京:世界知识出版社,2011.11
ISBN 978-7-5012-4168-2

Ⅰ.①日… Ⅱ.①结…②嘉…③周… Ⅲ.①老人问题-研究-日本 Ⅳ.①D731.386

中国版本图书馆CIP数据核字(2011)第231621号

著作权合同登记号:图字01-2011-6090号

丛 书 名　阅读日本书系
书　　名　日本老年人的生存困境
作　　者　[日]结城康博　[日]嘉山隆司
译　　者　周洁　审译　杨静　刘方　郭佩　译

出 版 者　世界知识出版社
社　　址　北京市东城区干面胡同51号　　邮　编　100010
网　　址　www.wap1934.com
经　　销　新华书店

责任编辑　罗养毅
责任出版　刘　喆
责任校对　张　琨

照　　排　京联新技术照排公司
印　　刷　北京世知印务有限公司
开　　本　960×640毫米　1/16　9.5印张　132千
版　　次　2011年12月第1版　2011年12月第1次印刷
书　　号　ISBN 978-7-5012-4168-2
　　　　　978-4-00-022899-2
定　　价　26.00元